D1928015

1935

1910

1969

1905

Inhalt

Einmal fragte ich eine Freundin und gute Kundin, wie sie es anstelle, trotz ihres begrenzten finanziellen Budgets immer topmodisch gekleidet zu sein. Ihre Antwort faszinierte mich sehr, denn Sie hatte sich in den letzten Jahren nur zwei modische Teile pro Jahr zugelegt. Sie stimmt die Farben und Stoffqualitäten so aufeinander ab, dass alle Stücke miteinander kombinierbar sind, zu lange Röcke werden dem Trend entsprechend gekürzt und ausgediente weiße Blusen in Modefarben eingefärbt. Dieses einfache, aber äußerst wirkungsvolle Rezept habe ich mir zu eigen gemacht, auch wenn mein Laden jede Saison neu bestückt wird. Coco Chanel sagte einmal, »Alles, was eine Frau zum Glück braucht, sind drei Dinge: einen schwarzen Rock, einen schwarzen Pullover und am Arm einen Mann, den sie liebt«. Zum Glück mag das reichen, aber um im Beruf erfolgreich zu sein, sollten Sie sich eine Basisgarderobe zulegen, die mit allem kombinierbar ist. Betrachten Sie Ihren Kleiderschrank als Baukasten und jedes neue Kleidungsstück als einen Baustein darin. Erstklassige Qualität und Verarbeitung sind natürlich Grundvoraussetzung für Ihre Basics, denn nur so haben Sie lange Ihre Freude daran. Diese Grundsätze habe ich mein Leben lang vertreten und immer versucht, sie an alle meine Kundinnen weiterzugeben. Das möchte ich auch mit diesem Buch tun, zu dem mich Evelyn Opela anregte. Ihr möchte ich hiermit herzlich danken.

Liebe Leserin,

im Jahre 1966 gründeten mein Mann und ich das Modegeschäft »Maja of Munich«, eine der ersten Boutiquen in Deutschland. Damals gab es noch keine Designer-Collectionen und ich fand bei keinem Hersteller den Stil, den ich anbieten wollte. Also entwarf ich meine eigene Collection, die ich natürlich auch selbst trug. Ich war die wandelnde Werbung für mein Geschäft. Viele meiner Kundinnen sind mir fast 30 Jahre treu geblieben, und ich führe das auf meine Bemühungen zurück, sie immer ehrlich und typgerecht beraten zu haben. Meine Erfahrungen als Mode-Designerin und Geschäftsfrau möchte ich in diesem Buch an Sie weitergeben, damit Ihr Outfit Ihnen in Berufs- und Privatleben sicher zu einem gelungenen Auftritt verhilft.

Den Kleiderschrank entrümpeln

Nichts ist frustrierender als ein vollgestopfter Schrank mit Kleidungsstücken, die man gar nicht mehr oder nur noch ab und zu und dann ungern trägt. Was hält Sie davon ab, Ihren Kleiderschrank auszumisten? Geben Sie alles, was Sie mindestens zwei Jahre nicht mehr getragen haben, in den Second-Hand-Laden oder verschenken Sie es. Befreien Sie sich und schaffen Sie Platz für Neues! Behalten Sie nur die Teile, die sich als Basics mit etwas Neuem und Modernem kombinieren lassen.

Einige Tipps

1

Ich räume rechtzeitig zu Beginn einer neuen Saison meinen Kleiderschrank um. Die Sachen, die ich für das nächste Jahr behalten will, hänge ich in einen Kleidersack und alles, was in den Second-Hand-Laden soll, kommt in einen anderen. Beide Säcke hänge ich in einen Schrank im Keller, damit ich Platz für die Garderobe der neuen Saison habe, die ich zuvor aus dem Kellerschrank geholt habe. Diese Prozedur wiederholt sich jährlich im Februar und August.

2

Schreiben Sie die Sachen für den Second-Hand-Laden einzeln auf eine Liste. Sie sollten mit dem Geschäftsinhaber bzw. der -inhaberin die Preise besprechen, damit sie für beide Parteien realistisch sind. Tragen Sie die Beträge in die Liste ein und lassen Sie sie kopieren. Original und Kopie werden von Ihnen und Ihrem Geschäftspartner unterschrieben, Sie selbst behalten die Kopie. Bei der Abrechnung ersparen Sie sich damit unter Umständen viel unnötigen Ärger und auch Zeit.

Machen Sie Halt beim Entrümpeln der Accessoires! Tücher, Schals, Taschen und Modeschmuck sollten Sie unbedingt aufheben. Ganz klar, wenn eine Tasche vom vielen Tragen unansehnlich geworden ist, dann weg damit. Aber Abend- oder Crocotaschen werden separat in ein Stoffsäckchen verpackt und in eine Schublade gelegt. Irgendwann braucht man sie wieder, und dann sind sie genau das Tüpfelchen auf dem »i«.
Auch Tücher, Schals und Stolen bleiben in der Schublade, gerade jetzt erleben Schals und Stolen wieder eine große Renaissance. Wenn ich an meine vielen wunderschönen Hermès-Schals denke, die ich vor 20 Jahren verschenkt habe und die jetzt 400 DM kosten!! Pro Stück!
Vor allem, wenn Sie Töchter haben, sollten Sie auch von Ihren Kleidern, besonders den Abendkleidern, den einen oder anderen »edlen Fetzen« für sie aufbewahren. Schon oft hat das Kleid von Mama, mit neuen witzigen Accessoires kombiniert, für einen großen Auftritt auf Partys oder in der Discothek gesorgt.

3

Beim Ausmisten bestücke ich deshalb einen eigenen Kleidersack für den Second-Hand-Laden, damit ich schon im August die Winter- und im Februar die Sommersachen weggeben kann. So erspare ich mir erneutes Aussortieren. In die Kleidersäcke und auch den Kleiderschrank gehören unbedingt zu jeder Jahreszeit ein Mottenschutzmittel wie z. B. Nexalotte oder Zedernholzscheiben. So bin ich bis heute von dieser schrecklichen Plage verschont geblieben.

4

Strickwaren sollten Sie niemals aufhängen, denn sie hängen sich aus und werden mit der Zeit immer länger. Besser ist es, sie zusammengelegt in einem Regal aufzubewahren.
Gepolsterte Bügel für Blusen verhindern, dass sich die Krägen verziehen und die Schultern ausbeulen.
Vor dem Weghängen sollten Sie an allen Kleidungsstücken den obersten oder alle Knöpfe schließen, damit sie ihre Form behalten.

Basis- oder Grundgarderobe

BLAZER
KRAGENLOSE JACKE
SCHMALE HOSE
BUNDFALTENHOSE
JEANS
SCHMALER ROCK
SCHNITTKLEID

BLUSEN
PULLOVER
T-SHIRTS

Allein durch die Kombination von sieben Basisteilen, die farblich aufeinander abgestimmt sind, können Sie an jedem Tag der Woche anders angezogen sein. Mit einigen Ergänzungen wie Blusen, Shirts oder Pullis steigt die Zahl der Variationsmöglichkeiten ins Unendliche und Sie sind bei geschäftlichen wie privaten Einladungen immer chic und topmodisch gekleidet.

Die sieben Basics

Alle Basisteile sollten sich untereinander kombinieren lassen. Wichtigste Grundvoraussetzung dafür ist, dass Farben und Stoffqualitäten miteinander harmonieren. Wählen Sie als Basisfarbe Schwarz oder Marine – je nachdem, welcher Ton besser zu Ihrem Typ passt. Die Palette der Farben und Muster, die Sie damit mischen können, ist fast unendlich groß. So erweitert jedes neue Stück, das Sie kaufen, wie ein fehlendes Klötzchen Ihren Kleiderbaukasten.

KRAGENLOSE JACKE

Taillen- oder hüftlang ist diese Jacke in einer Kontrastfarbe eine einfallsreiche Variante zum Blazer.

BLAZER

Der klassische Blazer ist ein- oder zweireihig geschnitten, auf Taille oder gerade gearbeitet. In Schwarz oder Dunkelblau ist er vielseitig einsetzbar und ergänzt den gleichfarbigen Rock zum Kostüm und die Hose zum Hosenanzug.

SCHMALE HOSE • BUNDFALTENHOSE • JEANS

Diese Hosen bieten eine Vielzahl von Kombinationsmöglichkeiten. Ob mit oder ohne Aufschlag, bleibt der Mode und den persönlichen Vorlieben überlassen.

KLEID

Das schlichte Kleid kann in der Farbe Schwarz gelegentlich das kleine Schwarze ersetzen.

SCHMALER ROCK

Der schmale Rock ergänzt Ihre Garderobe und erweitert deren Variationsmöglichkeiten. Das Kleidungsstück muss in Farbe und Material auf den Blazer abgestimmt sein.

Bei der Auswahl der Basisteile achten Sie vor allem darauf, dass Qualität und Verarbeitung erstklassig sind, schließlich wollen Sie darauf aufbauen und sie müssen einige Jahre halten. Das bedeutet aber nicht, dass es teure Designerstücke sein müssen. Um die Qualität eines Kleidungsstücks festzustellen, schauen Sie sich das Teil von innen an. Fransen die Nähte aus, sind sie krumm oder gehen schon auf, ist das ein Zeichen billiger Verarbeitung. Knöpfe sollten ebenfalls nicht am letzten Faden hängen, ganz wichtig ist auch ein eingenähter Ersatzknopf. Sollten Sie einen Knopf verlieren, müssen Sie normalerweise alle Knöpfe austauschen, da man nie den gleichen nachkaufen kann, und das wird teuer. Außerdem muss jedes Kleidungsstück ein eingenähtes Etikett mit Pflegeanleitung haben, auf dem auf die Waschbarkeit oder Reinigung hingewiesen wird. Dieses Etikett muss die Qualitäten wie Wolle, Seide, Synthetik oder ein Gemisch in Prozent angeben. In der deutschen Konfektion sind diese Etiketten Vorschrift, wenn sie fehlen, sollten Sie sich den Kauf gut überlegen. Übrigens, was viele nicht wissen, Viscose ist eine Naturfaser und als Gemisch mit Wolle, Seide oder Leinen sehr angenehm zu tragen, sie hat einen fließenden Fall und ist dabei äußerst pflegeleicht.

SIEBEN GRÜNDE FÜR

Schwarz ist zeitlos und wird nie aus der Mode kommen. • Schwarz verbreitet immer einen Hauch von Luxus und Eleganz – selbst wenn die Kleidungsstücke kein Vermögen kosten. • Schwarz von Kopf bis Fuß verleiht eine schlanke Silhouette. • Schwarz lässt sich

DIE FARBE SCHWARZ

von sportlich bis elegant stylen. • Schwarz ist fleckunempfindlich. • Schwarze Einzelstücke passen immer zueinander, wenn Sie auf die richtigen Materialien achten. • Schwarz lässt sich durch modische Accessoires sowie saisonal abgestimmte Kleidungsstücke in nahezu jeder Farbe ergänzen.

Blazervariationen

Mit dem Blazer verleihen sie allen Kleidungsstücken einen offiziellen Anstrich und sogar eine gut geschnittene Jeans wird damit zum Business-Outfit.

Basismodell I:
Doppelreihig geschnittener Blazer mit kurzem Reverskragen. Diese Form streckt die Figur und wirkt sachlich und streng, sie verleiht eine schmale Silhouette und sieht am besten an großen Frauen aus.

Basismodell II:
Blazer mit einer einreihigen Knopfleiste passen zu fast allen Kleidungsstücken und sehen an jeder Figur gut aus. Beim Kauf sollten Sie darauf achten, dass die Jacke auch zugeknöpft keine Rückenfalten zieht.

Basismodell III:
Der gerade Schnitt und die kurze Form dieser Jacke steht besonders kleinen, zierlichen Frauen ausgezeichnet. Kombiniert man diesen Blazer mit einem langen Rock oder einer Hose, wirken die Beine länger.

EINREIHIGER BLAZER

Eine weiße oder dezent gemusterte Bluse, Ihre Jeans, sowie die passenden sportlichen Schuhe und Accessoires bilden ein Outfit, das durch den dunklen Blazer aus feinem Wolltuch einen offiziellen Touch erhält. So sind Sie fürs Büro wie auch für den Einkaufsbummel oder einen Termin beim Lehrer Ihrer Kinder korrekt, aber nicht zu offiziell gekleidet.

ZWEIREIHIGER BLAZER

Den schmalen Rock in aufeinander abgestimmten Pink-Orange-Tönen kombinieren Sie zum dunklen Blazer und einem pinkfarbenen Shirt. So sind Sie für offizielle Anlässe feminin und elegant gekleidet. Das Styling wird mit fliederfarbenen Mules, einem Seidentuch in der gleichen Farbe, einer pinkfarbenen Handtasche und dezenten Schmuckstücken modisch betont.

BLAZER MIT GROSSEM REVERS

Die Kombination aus Blazer mit passender Bundfaltenhose ergibt einen klassischen Anzug, der Ihnen ein wertvoller Begleiter zu geschäftlichen Terminen oder Reisen sein wird. Tragen Sie dazu eine weiße Bluse, ein schönes wärmendes Umschlagtuch aus feinem Wollgewebe und flache Schuhe. Individuell gewählter Schmuck ergänzt das Outfit.

JEANS

Jeans sind seit vielen Jahren unerlässlicher Bestandteil jeder Grundgarderobe. Glücklicherweise gibt es Schnittformen, die auf jede Figur und alle Vorlieben Rücksicht nehmen. Mit Cashmererolli, der kragenlosen Jacke, halbhohen Stiefeletten aus schwarzem Leder, einer passenden Handtasche und Accessoires sind Sie auch im Büro gut angezogen.

BUNDFALTENHOSE

Die Anzahl der Bundfalten, die Weite der Beine und ob mit oder ohne Aufschlag hängt natürlich immer vom Angebot ab. Die gezeigte Kombination zieht mit Sicherheit viele Blicke auf sich! Der starke Ecru-Schwarz-Rot-Kontrast der Hose, Bluse und Jacke wird ideal von den flachen Lackschuhen, der Tasche und dem klassisch gemusterten Tuch aufgegriffen und betont.

Hosenvariationen

Eine Hose muss perfekt sitzen, damit Sie sich rundum wohl fühlen. Gehen Sie beim Kauf keine Kompromisse ein, nichts ist schlimmer, als eine kneifende Hose oder wenn sich unschöne Falten ziehen.

SCHMALE HOSE

Vollkommen im Trend liegen Sie mit einem Styling aus schmaler dunkler Hose und der silbrig glänzenden Blusenjacke. Darunter passt eine Hemdbluse in zartem Gelb oder jedem anderen Pastellton, auch ein T-Shirt wäre denkbar. Hellgraue Lackslipper und Umhängetasche setzen weitere Glanzpunkte und Sie können Ihren Einkaufsbummel gut gelaunt beginnen.

Basismodell I:
Eine gerade geschnittene Hose ist ein richtiges Allroundtalent. sie kann von fast allen Frauen getragen werden, da sie die Figur länger erscheinen lässt.

Basismodell II:
Die klassische Bundfaltenhose mit oder ohne Bügelfalte ist ein Klassiker. Dank der lockeren Weite im Oberschenkelbereich kaschiert sie auch etwas fülligere Figuren.

Basismodell III:
Die weit geschnittene Hose, auch Palazzo- oder Marlenehose genannt, ist ein Wunder an Tragekomfort. Kleine Frauen sollten aber darauf verzichten, da sie die Figur optisch verkürzt.

Röcke und Kleider

Ein schlichtes Kleid und ein schmaler Rock ergänzen Ihre Garderobe und erweitern deren Variationsmöglichkeiten. Beide Kleidungsstücke müssen in Farbe und Material auf den Blazer abgestimmt sein. Ist Ihr Blazer tailliert, muss auch Ihr Kleid auf Taille geschnitten sein. Die Länge orientiert sich in erster Linie an Ihrer Figur, in zweiter am gängigen Modetrend. Zweifel am Aussehen behindern ein selbstbewusstes Auftreten!

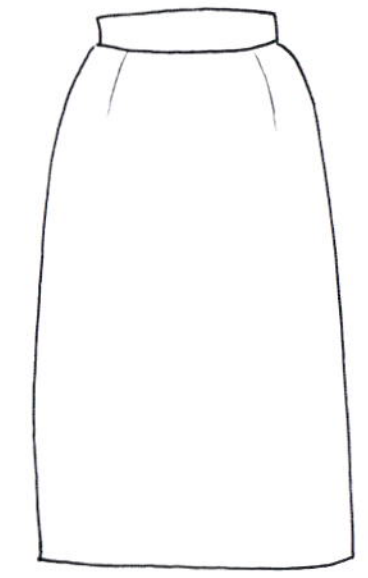

Basismodell I:
Der gerade geschnittene Rock ist ein Modell, das je nach der Mode in der Länge variiert. Ein wenig Selbstkritik ist allerdings angebracht, wenn man sehr kurze Röcke tragen möchte.

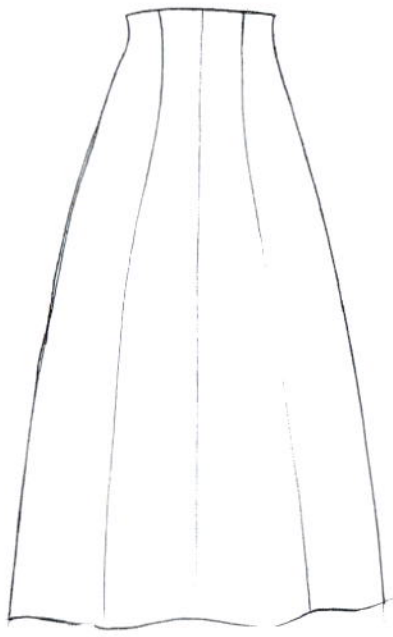

Basismodell II:
Der figurnahe Schnitt mit dem weit schwingenden Saum steht fast allen Frauen. Auch lassen sich kleine Pölsterchen an Hüfte und Oberschenkel darunter gut verstecken.

SCHNITTKLEID

Kaufen Sie das Kleid am besten aus dem gleichen Material und in der Farbe des Blazers. In Schwarz ist es gleichzeitig Ersatz für das kleine Schwarze. Kombiniert mit der kragenlosen Jacke, schwarzen Pumps, einer eleganten Umhängetasche und Handschuhen sind Sie zur Einladung ins Restaurant oder für einen offiziellen Anlass chic gekleidet.

LANGER ROCK

Glücklicherweise sind die Zeiten der einzig richtigen Rocklänge vorbei! Zum wadenlangen Wollrock in modisch ausgestellter Linie passt eine taillenkurze Strickjacke in Schwarz, bei kühler Witterung tragen Sie einen halblangen Trenchcoat in Anthrazit und schwarze Stiefel dazu. Gekonntes Styling verraten die knallroten Accessoires!

KURZER ROCK

An kühleren Tagen passt zum schmalen Rock mit seitlichen Eingrifftaschen der wollweiße Rollkragenpulli mit dicken Zöpfen. Ein schmaler brauner Gürtel gibt dem Outfit Kontur. Das große Fransentuch aus Wolle in warmen Braun-Rot-Tönen wird um die Schultern drapiert, die braunen Pumps und die braune Handtasche komplettieren das Gesamtbild.

Das kleine Schwarze

Was Sie das ganze Jahr über tragen können und wovon jede Frau wenigstens eins haben sollte, ist das kleine Schwarze. Damit sind Sie mit entsprechendem Styling und Accessoires auf der ganzen Welt zu jeder Gelegenheit gut angezogen.

ELEGANT KOMBINIERT
Mit anthrazitfarbenen Satinpumps und einer Handtasche aus Wildseide, langen Satinhandschuhen und Modeschmuck in Silber-Schwarz kreieren Sie ein unglaublich feminines und elegantes Outfit.

MODISCH VERSPIELT

Der fließende Fall des schräg geschnittenen Rocksaums umschmeichelt verführerisch die Waden, ein seitlicher Schlitz sorgt für dezente Aufmerksamkeit. Die schmalen Spaghettiträger sitzen weit außen auf den Schultern und unterstreichen die Leichtigkeit des schlichten, aber verspielten Kleides. Eine Handtasche aus Kleiderstoff und High Heels betonen das Understatement des Kleides.

GLÄNZENDE HIGHLIGHTS

Der tiefe Ausschnitt mit den über Kreuz verlaufenden Bändern im Rücken zieht alle Blicke magisch auf sich. Strassarmband und -collier, die silberne Handtasche und Pantoletten sind sparsam, aber äußerst wirkungsvoll eingesetzte Accessoires und an Raffinesse kaum zu überbieten.

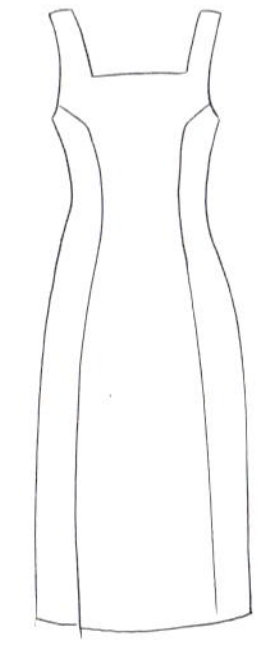

Basismodell I:
Die Längsnähte strecken die Figur, deshalb steht diese Kleiderform allen Frauen. Dank seiner Schlichtheit kann die Wirkung eines so geschnittenes Kleides mit verschiedenen Accessoires variiert werden.

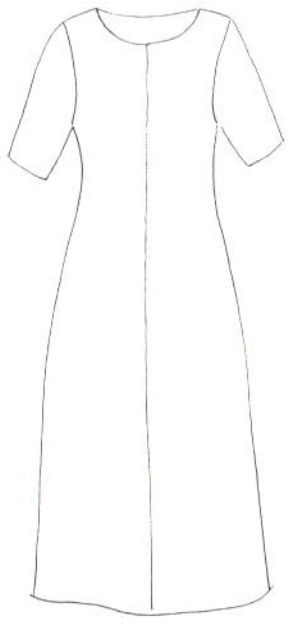

Basismodell II:
Die locker fallende Schnittform und das weiche Material umspielen sanft den Körper. Die Länge sollte bis knapp unters Knie reichen, so wirkt die Figur schlank.

Die klassische Hemdbluse mit kleinen Seitenschlitzen können Sie zur Abwechslung auch über einer Hose tragen. Die Kragenformen und -größen werden jedes Jahr aufs Neue von den Designern variiert.

Eine Blusenjacke ist sowohl als Ersatz für eine Jacke über einem Shirt, aber auch solo ein tolles Oberteil. Leicht auf Taille geschnitten betont es die Figur, mit den dreiviertellangen Ärmeln und dem Reverskragen liegen Sie ganz im Trend.

Aus fließender Seide ist die elegantere Version der Hemdbluse gearbeitet. Blusen dieser Art kommen nie aus der Mode, daher lohnt sich auch die etwas höhere Ausgabe. Kaufen Sie sie in mehreren Farbtönen passend zu Ihrem Typ und Ihren Basics.

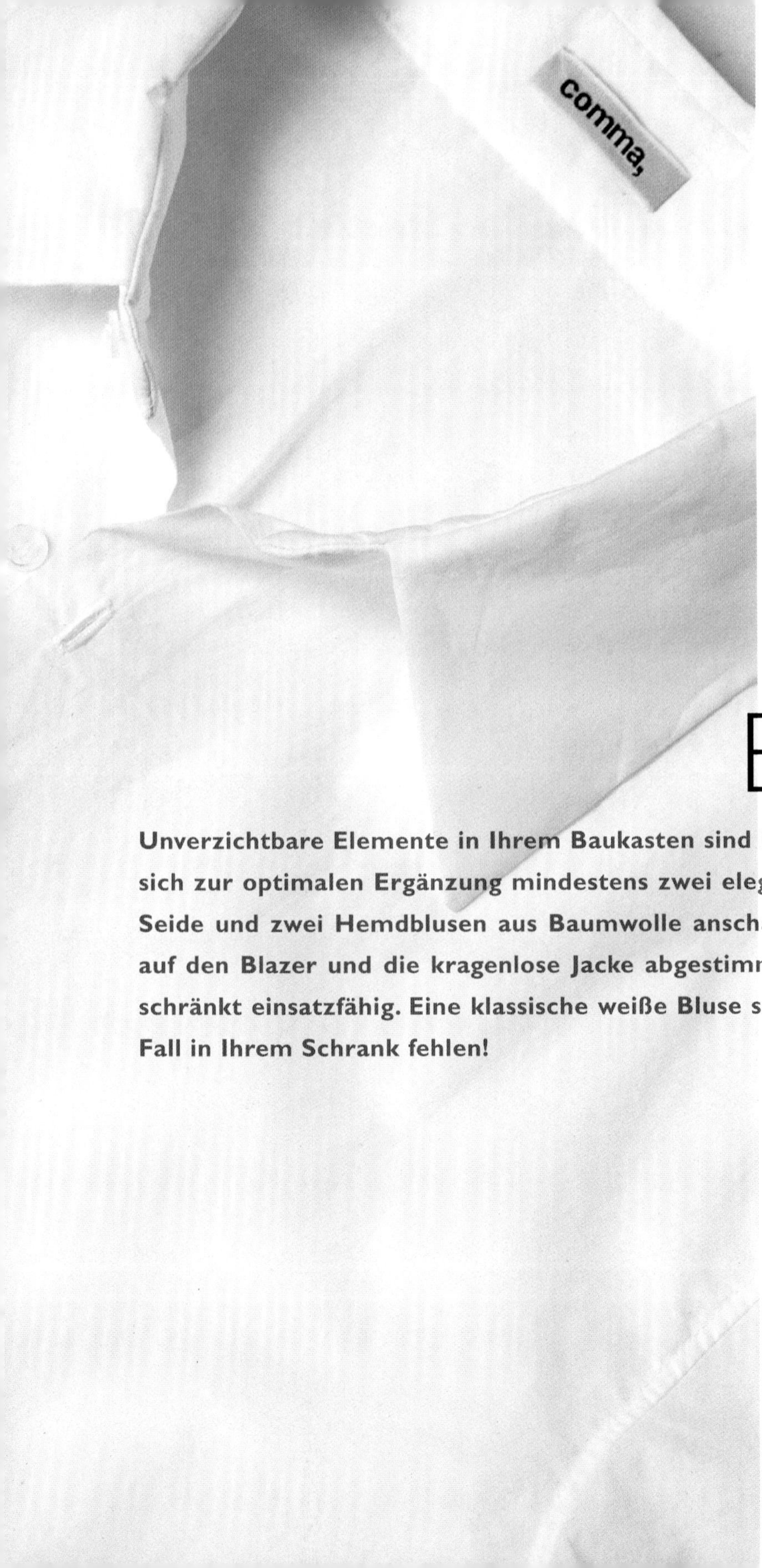

Blusen

Unverzichtbare Elemente in Ihrem Baukasten sind Blusen, von denen Sie sich zur optimalen Ergänzung mindestens zwei elegantere Versionen aus Seide und zwei Hemdblusen aus Baumwolle anschaffen sollten. Farblich auf den Blazer und die kragenlose Jacke abgestimmt sind sie fast unbeschränkt einsatzfähig. Eine klassische weiße Bluse sollte dabei auf keinen Fall in Ihrem Schrank fehlen!

Die klassische weiße Hemdbluse aus Baumwolle darf in keiner Garderobe fehlen, denn mit ihr sind Sie immer gut angezogen.

Pullover

Egal welches Material Sie bevorzugen, Pullover sind eine sinnvolle Ergänzung Ihrer Basics. Besonders viele Einsatzmöglichkeiten bieten kurzärmelige dünne Pullis aus Seide, Baumwolle oder Cashmere, die Sie zu jeder Jahreszeit unter Blazer und Jacke oder auch solo tragen können. Ein sportiver, naturfarbener Pullover mit Zopf- oder Norwegermuster ergänzt Jeans und Pepitahosen zum sportlich-eleganten Freizeitlook.

Anschmiegsam und kuschelig weich auf der Haut sollen Strickwaren sein, denn verspüren Sie auch nur das geringste Sticheln oder Kratzen, kann der Tag zum Horror werden. Mischungen mit hochwertigen Kunstfasern sind oftmals angenehmer als reine Wolle. Der pure Luxus für die Haut ist Cashmere und es gibt niemanden, der dieses edle und geschmeidige Material nicht liebt.

Unter den Rundhalspulli passt gut eine Hemdbluse mit Kragen. Solo getragen können Sie ihn mit einem gemusterten Schal oder Tuch aufpeppen.

Der Pulli aus feinfädigem Garn ist das ganze Jahr über tragbar, im Winter unter Blazer oder Jacke und an kühleren Sommertagen zu Rock und Hose.

Für wirklich kalte Wintertage ist dieser Pullover unter Blazer oder Mantel ein wärmender Begleiter.

Für Sport und Freizeit tragen Sie das ärmellose und leicht taillierte Shirt mit Reißverschlusstasche.

An heißen Tagen gibt es kaum etwas Luftigeres als dieses taillenkurze Top, das auf einer Schulter gebunden wird.

Durch den gecrashten Stoff liegt das Hemdchen eng am Körper, ein interessanter Blickfang sind die Träger aus transparentem Kunststoff.

T-Shirts

Besonders zur Vervollständigung Ihrer Sommergarderobe sind T-Shirts ein wichtiges Element in Ihrem Kleiderschrank. Die in jeder Saison neu kreierten Schnittformen, Farben und Muster haben das T-Shirt zum Lieblingskind Aller gemacht. Auch die günstigen Preise verlocken zum Kauf, außerdem lassen sie sich mit allen Teilen der Grundgarderobe vielseitig kombinieren.

Ursprünglich ist das T-Shirt aus einem Mittelstück mit überschnittenen Schultern und gerade eingesetzten Ärmeln entstanden, daher die Bezeichnung mit dem »T«. Was heute unter diesem Namen angeboten wird, hat oft wenig damit zu tun, ist aber viel interessanter und vielseitiger. Tops mit Spaghettiträgern fallen genauso darunter wie ärmellose Hemdchen in allen Variationen.

Modisch gekleidet durchs ganze Jahr

FRÜHLING

SOMMER

HERBST

WINTER

Waren Sie bisher der Meinung, zu Beginn einer neuen Jahreszeit müssten Sie den Inhalt Ihres Kleiderschrankes komplett erneuern? Wenn ja, kann ich Sie trösten, diese Zeiten sind jetzt vorbei! Ich zeige Ihnen, wie Sie Ihre bereits vorhandene Basisgarderobe geschickt mit wenigen neuen Teilen kombinieren können und so rund ums Jahr perfekt gekleidet sind.

Frühling

Wenn im Februar nach der endlos scheinenden Winterzeit die Sonne wieder alles wärmt und das Frühjahr förmlich zu riechen ist, steigt die Lust, etwas Neues zu kaufen. Die tristen Farben des Winters weichen den frischen hellen Farben des Frühlings, und die Versuchung ist groß, wahllos alles zu kaufen, was luftig und hell wirkt. Vergessen Sie dabei nicht den Blick auf Ihre Grundgarderobe, damit Sie auch weiterhin alle Stücke miteinander kombinieren können.

TWINSET AUS STRICK

Die kragenlose Jacke mit V-Ausschnitt über dem ärmellosen Rundhalspulli wird mit zwei Knöpfen geschlossen. Betont wird der frühlingshafte Pastellton mit einem freundlich und hell gemusterten Seidentuch. Die Tasche und die Schuhe greifen die Farbe des Twinsets auf, die graue Hose verstärkt die zarten Farbtöne.

ZWIEBEL-LOOK

Mit dieser Kombination sind Sie gut gerüstet für einen Wochenendausflug bei unbeständigem Wetter. Über dem T-Shirt hält ein ärmelloser Blouson leichten Wind ab, der um die Schulter geschlungene Pullover kommt bei stärkerem Wind zum Einsatz. Das Zitronengelb des Blousons frischt die Naturtöne der Hose und der Accessoires auf.

Um sich über die neuesten Trends und Farben der Saison zu informieren, kauft man sich Modehefte, denn schließlich möchten Sie den letzten Schrei erwerben, wenn Sie Ihr gutes Geld ausgeben. Aber was passiert immer wieder? Die Fotos sind oft so unscharf, dass man von Schnitt und Passform kaum etwas erkennen kann. Imagefotos nennt man das, habe ich mir sagen lassen. Der modischen Information dient es allerdings wenig. Aber zumindest die Trendfarben sind zu erkennen, und dazwischen ist auch mal ein Teil sichtbar, das Sie interessiert, weil es Ihrem persönlichen Stil nahe kommt. Sie können sich glücklich schätzen, wenn Sie »Ihre« Boutique haben, wo Sie immer ehrlich und typgerecht beraten werden, und die Ihre Stilrichtung verkauft. Wenn nun das Frühjahr naht, bekomme ich immer unbändige Lust, etwas Frisches und Helles zu kaufen, die tristen Farben des Winters kann ich einfach nicht mehr sehen. Legen Sie sich im Frühjahr ein oder zwei helle Kostüme in Pastelltönen zu, am besten mit passender Hose. Als Material empfehle ich leichte Wolle oder Gabardine. Denken Sie aber immer daran, dass sich das Neue mit den Basics kombinieren lässt. Sollten Sie unsicher sein, lassen Sie sich die Teile zurücklegen und bringen Sie ein Stück Ihrer Basisgarderobe zum Vergleichen mit. Kaufen Sie nie spontan und unüberlegt, das erspart Ihnen so manchen Fehlkauf. Ihr Geld können Sie klüger und gezielter einsetzen!

Sommer

Die wirklich heißen Tage im Sommer sind in unseren Breitengraden gezählt, und oft wird die leichte Sommerbekleidung nur für den Urlaub gebraucht. Um für diese kurze Zeit nicht Unsummen auszugeben, ist es besonders wichtig, auch Sommerkleider, -röcke und -hosen auf die Basisgarderobe abzustimmen.

An vielen Tagen im Sommer können Sie sehr gut Ihre helle und leichte Frühjahrsgarderobe tragen, und es gibt kaum Sommerabende, an denen man ohne Pulli, Blazer oder ein großes Tuch auskommt. Für die wirklich heißen Tage, vor allem wenn man berufstätig ist und sich nicht zu »luftig« anziehen kann, empfehle ich ein bis zwei Kostüme oder Hosenanzüge aus Leinen oder Baumwolle und zwei dünne Kleider. Für etwas elegantere Anlässe ist ein Kostüm oder Hosenanzug aus Seide besonders geeignet. Vielfältig einsetzen lässt sich auch eine Bundfaltenhose aus modisch bedruckter Crêpe-de-Chine-Seide. Tagsüber tragen Sie flache Stoffschuhe oder Sandalen und ein passendes T-Shirt dazu, abends wird sie elegant mit Stilettos und einer leichten Wolljacke kombiniert. Röcke und Hosen aus Baumwolle oder Leinen vervollständigen die Sommergarderobe.

TOP UND PULLI

Mit dem Halterncktop, weißen Sandaletten und silbernem Modeschmuck wird die weiße Hose perfekt für eine kleine Party an der Poolbar gestylt. Das fröhlich bunte Ringelshirt, farblich passende Schuhe und Handtasche tragen Sie beim Urlaubsshopping.

SONNENKLEID

Leicht gebräunte Haut betonen Sie mit diesem elegant gemusterten Zweiteiler. Die dünnen Träger werden im Nacken gebunden, mit halbhohen Sandaletten sind Sie für das Abendessen im Restaurant chic und modisch angezogen.

Die Modedesigner propagieren in jeder Saison mindestens eine Trendfarbe, trotzdem habe ich in meiner fast 30-jährigen Tätigkeit in der Modebranche keinen Herbst erlebt, in dem nicht die Farbe Grau eine große Rolle gespielt hätte. Daher habe ich immer einen grauen Flanell-Hosenanzug mit passendem Rock im Schrank, mit dem ich im Herbst und Winter von morgens bis abends immer richtig angezogen bin. Sportlich wirkt der Anzug mit einem Pulli, flachen Schuhen und einem großen karierten Umschlagtuch. Zu einem geschäftlichen Mittagessen trage ich eine weiße oder beige Seidenbluse dazu und zum kleinen Abendessen variiere ich Kostüm oder Anzug mit einem Seidentop, High Heels, einer Unterarmtasche und größerem Schmuck. Sie sehen, dass es ganz einfach ist, mit wenigen Mitteln eine andere Wirkung zu erzielen. Dunkelgrün, Braun, Weinrot und Cognac sind wunderbare Herbstfarben, die allein getragen oder auch gut mit Grau kombiniert werden können. Entscheiden Sie sich für Rock oder Hose in einer dieser Farben, dann fragen Sie am besten gleich nach einem passenden Pullover, einem Twinset oder einer Bluse, denn viele Hersteller stimmen ihr gesamtes Programm farblich aufeinander ab. Ein Umschlagtuch aus einer Woll-Cashmere-Mischung ersetzt an kühleren Tagen den Mantel. Mögen Sie kein Tuch, ist eine dreiviertellange Jacke, auch Swinger genannt, sehr chic und äußerst praktisch.

PULLUNDER UND BLUSE

Der klassische graue Pullunder mit roter Hemdbluse wird mit schmalem Gürtel zur schwarzen Hose kombiniert. Ein schön gemustertes Tuch, das die Farben aufgreift, flache Loafers und eine Mütze komplettieren das Outfit.

Herbst

Werden im Herbst die Tage kürzer, greift man instinktiv zu gedämpfteren Farben. Auch die Designer wählen für ihre Collectionen Dunkelgrün, Braun, Weinrot und Cognac, die jetzt in der Natur vorherrschen. Es genügt, einen Pulli, eine Bluse oder ein Seidentuch in diesen Farben neu zu kaufen, denn sie lassen sich optimal mit den dunkleren Basisfarben kombinieren.

KOMBINATION IN GRAU-SCHWARZ

Die Cordjacke wird über dem Rollkragenpulli und dem passenden Rock mit einem Bindegürtel gehalten. Ein helles Tuch frischt die Grau-Schwarz-Kombination auf, schwarze Slippers und Tasche runden das Gesamtbild ab.

Winter

Kälte, Eis und Schnee sind seit Jahren wirklich selten, aber für die wenigen kalten Tage in der Stadt oder einen Spaziergang im Schnee ist ein kuscheliger Mantel eine sinnvolle Investition. Ein voluminöser Schal oder ein Tuch halten dekorativ die Kälte ab, für die meist überheizten Innenräume genügen Strickwaren aus nicht zu dicker Wolle oder Cashmere, die Sie zu den Basics kombinieren.

Da es bei uns nur wenige wirklich klirrend kalte Tage gibt, können oder müssen Sie Ihre Herbstgarderobe den ganzen Winter über tragen. Für die kurzen Kälteperioden ist das wichtigste Kleidungsstück ein warmer Mantel. Da dieser einige Jahre hält, sollte der Schnitt klassisch und die Farbe eine Ihrer Basisfarben aufgreifen, bei der Anprobe tragen Sie am besten einen Blazer darunter. Achten Sie beim Kauf besonders auf Qualität und erstklassige Verarbeitung. Auch ein ein- oder zweiteiliges Strickkleid und ein warmer Pulli aus Wolle oder Cashmere erlauben vielfältige Kombinationen. Eine dunkle Samtjacke ist von morgens bis abends vielfältig einsetzbar, sportlich am Tag mit einem Rolli zur Flanellhose und am Abend elegant mit einem Seidentop zu Hose oder Rock. Fürs Theater oder die Party sollten Rock und Hose aus Seide sein.

LEDERJACKE UND SCHAL

Gegen die verschiedenen Grautöne von Jacke, Hose und Pulli setzen das schmeichelnde Sienarot des Schals und das Gelb der Hemdbluse warme Akzente. Die vielen Lagen von Bluse, Pulli, Jacke und Schal schützen vor Wind und Wetter, mit Handschuhen sind Sie auch an Wintertagen gut gerüstet.

MEHRFACH GESCHICHTET

Der lange Tweedrock schützt die Beine vor Kälte und wird mit der braunen Jacke geschickt zum Kostüm ergänzt. Darüber hält ein flauschiger Longblazer aus Wollvelours den Wind ab, um die Schultern wickeln Sie einen dicken wollweißen Zopfpullover.

Mäntel mag man oder man mag sie nicht, es gibt eigentlich nichts dazwischen. Meine Freundin besitzt eine regelrechte Sammlung davon und lässt sich immer wieder dazu hinreißen, sie zu vergrößern. Ich selbst bevorzuge als Alternative Tücher, Capes oder lange Jacken. Trotzdem besitze ich seit Jahren einen klassischen Trenchcoat. Er ist knöchellang aus sandfarbiger, imprägnierter Seide und er wird wohl noch einige Jahre mein Basismantel für Frühjahr und Herbst sein. So ein Stück kann ich jeder Frau nur empfehlen. Für den Winter ist ein langer, gerade geschnittener Wollmantel sehr wärmend. Sind Sie sehr schlank, tragen Sie ihn mit Gürtel, ansonsten ein- oder doppelreihig. Farblich sollten Sie ihn mit möglichst vielen Teilen Ihrer Basisgarderobe kombinieren können. Es gibt natürlich nichts Wärmenderes als Pelze, aber das ist eine Weltanschauung. Mäntel aus Fun-Fur, d. h. Webpelz, wärmen nicht so sehr wie echter Pelz, aber sie ersetzen auf jeden Fall einen Wollmantel. Swinger oder Parkas in dreiviertel Länge sind eine schöne Alternative zu einem langen Mantel, es gibt sie in allen Variationen und Qualitäten.

TRENCHCOAT

Der klassische Trenchcoat mit Burberryfutter ist weltbekannt. Er ist doppelreihig geschnitten und hat ein breites Revers, das sich unter dem Kragen mit einem Riegel schließen lässt. Die geräumige Weite entsteht durch eine tiefe Kellerfalte im Rücken, der Gürtel wird um die Taille gebunden.

Jacken & Mäntel

Ein klassischer Mantel schützt vor Wind und Wetter, eine schöne und praktische Alternative sind Jacken in Dreiviertellänge. Beides lässt sich jahrelang tragen, wenn Sie eine Basisfarbe wählen.

WINTERMANTEL

Der schlichte, aber elegant wirkende Mantel aus Wolle mit Cashmere ist schmal geschnitten und knielang. Sie können ihn zu Hosen und auch Röcken tragen. Achten Sie beim Kauf darauf, dass genügend Bewegungsfreiheit bleibt, um darunter auch eine Kostümjacke tragen zu können.

SWINGER

Unter diesem dreiviertellangen Swinger aus Mikrofaser können Sie mehrere Lagen tragen. Der weich geschnittene Kragen läuft in langen Bindebändern aus, zusätzlich hat er eine Kapuze. Frauen, die keine Mäntel mögen, sind mit einem Swinger gut beraten, denn er passt zu schmalen Röcken und Hosen.

Capes & Tücher

Über einen Blazer drapiert, sind Tücher besonders in der Übergangszeit zugleich modisches wie wärmendes Accessoire. Capes ersetzen im Frühling, Sommer und Herbst den Mantel, sind chic und kommen praktisch nie aus der Mode. Durch die Vielfältigkeit der Materialien und Farben sind sie rund um die Uhr einsatzbereit.

CAPE
Ein weit geschnittenes Cape aus weichem Wollstoff oder Cashmere ist wärmend und dekorativ über Jacke, Blazer und Mantel. Legen Sie das Cape über die Schultern. Die nach vorne hängenden Seiten schlingen Sie dekorativ über die Schultern oder Sie lassen sie einfach hängen.

Wie schon erwähnt, habe ich ein Faible für große Tücher. Siebenunddreißig Stück habe ich im Laufe der Jahre zusammen gesammelt und nicht eines davon möchte ich missen. Es kommt vor, dass ich das eine oder andere länger nicht trage, aber dann passt es plötzlich zu einem neu gekauften Kostüm oder Hosenanzug, und ich hole es begeistert hervor. Ein solches Tuch sollte zwischen 140 x 140 cm bis 160 x 160 cm groß sein, es gibt sie in Wolle, Cashmere und Seide, gewebt und gewirkt, in uni, kariert und bedruckt. Ein guter Tipp: Da diese Tücher oft sehr teuer sind, suchen Sie sich einen Stoff in der Breite zwischen 140 und 160 cm und kaufen Sie soviel davon, dass es ein Quadrat ergibt. Zu Hause fransen Sie alle vier Seiten etwa 5 cm breit aus. Auch Capes kann man nach der unten abgebildeten Schnittzeichnung ganz einfach selbst anfertigen: Kaufen Sie 2,0 bis 2,2 m Woll-, Mohair- oder Cashmerestoff in mindestens 140 cm Breite. Von der Mitte einer Querkante schneiden Sie senkrecht bis zur halben Länge ein. Versäubern Sie alle Kanten entweder durch doppeltes Einschlagen, Einfassen mit Schrägband oder durch Ausfransen.

UMSCHLAGTUCH

Falten Sie ein quadratisches Tuch zum Dreieck. Mit der Bruchkante legen Sie es über eine Schulter, dabei sollte die hintere Ecke etwas länger herabhängen. Probieren Sie aus, was Ihnen am liebsten ist. Sie können die Enden hängen lassen, auf der anderen Schulter zu einem großen Einfachknoten schlingen oder nur über die Schulter legen.

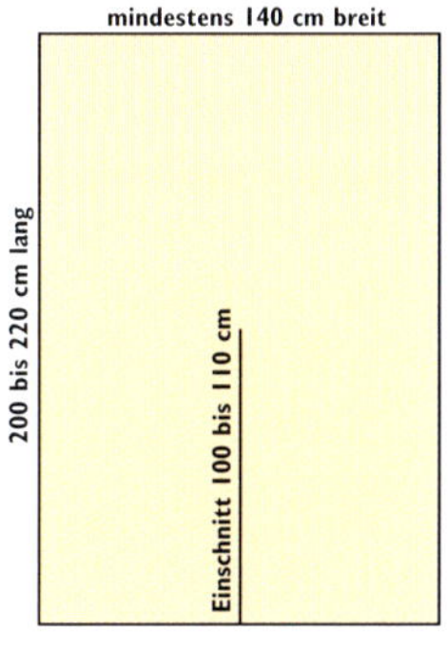

Aus Alt mach Neu

Jahrelang bestimmte der »Mini« die Modeszene. Von Jahr zu Jahr wurden die Röcke gnadenlos kürzer und kürzer, ohne Rücksicht auf Alter oder hässliche Beine. Nun ist Abschneiden kein Problem, aber wie bekommt man einen Rock um 10 bis 30 cm länger? Eine Möglichkeit ist, oben eine Passe anzusetzen. Wenn Sie den gleichen Stoff haben oder irgendwie besorgen können, ist das ideal. Es ist aber auch ganz hübsch, bei einem Rock aus einem Wollstoff eine Passe aus einem anderen Material, z. B. aus Samt, zu machen.

Samt gibt es in vielen Farben, und wenn Sie nun gar nichts Passendes finden, müssen Sie kombinieren. Zu grauem Flanell paßt sehr schön ein brauner oder schwarzer Samt. Wenn Sie an der dazugehörigen Jacke noch die Manschetten und den Kragen mit dem gleichen Samt besetzen, sieht Ihr altes Kostüm total verändert und wie neu aus.
Als Alternative zu einer Passe kann man an den Saum eine breite, gleichfarbige Spitze ansetzen. Ich habe das bei einem schwarzen, grauen und weinroten Rock gemacht. Es sieht toll aus und wurde schon von einigen meiner Freundinnen begeistert kopiert.

MODE IM WANDEL

Mit wenig Aufwand lässt sich aus vielen alten Sachen leicht etwas Neues kreieren. Wenn Sie erst einmal angefangen und einige meiner Tipps beherzigt haben, werden Sie bald Ihre eigenen Ideen mit wenigen Handgriffen umsetzen können.

Neue Knöpfe können ungeheuer viel her machen. Wenn Sie Ihren sportlichen Hosenanzug in Grau, Schwarz oder welcher Farbe auch immer, ein wenig verändern wollen, ersetzen Sie die Knöpfe durch neue schöne aus Straß, besorgen sich einen Satinrock in der Farbe der Jacke, und schon haben Sie für wenig Geld ein total neues Outfit für etwas festlichere Gelegenheiten.

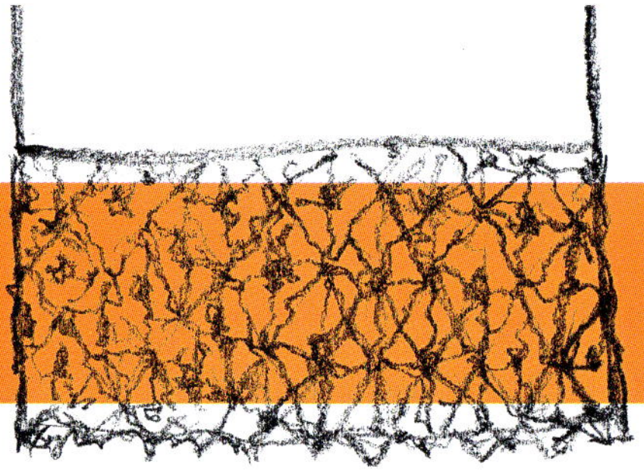

DAS IST SPITZE

Wenn Sie meinen, Spitze könne man nur am Abend tragen, dann irren Sie. Ich trage die mit Spitze verlängerten Röcke am Tag mit blickdichten, farblich passenden Strümpfen, flachen Schuhen und einem Pullover, am Abend mit dünnen Strümpfen, Stilettos und der passenden Jacke.

Kommt Ihnen der Kragen an einer Jacke unmodern vor? Lassen Sie ihn abschneiden und eine Jacke mit V-Ausschnitt daraus machen. Wenn sie aber total aus der Mode ist und der dazu gehörige Rock oder die Hose noch heißgeliebt sind, verschenken Sie sie einfach und kombinieren die alten Unterteile mit etwas topchicem Neuem darüber. Im Winter mit einer Samt- oder im Sommer mit einer Seidenjacke. Jeder wird denken, das ganze Outfit sei brandneu.

Gammelt in Ihrem Schrank die alte Nerzstola Ihrer geliebten Oma vor sich hin, die Sie bloß aus Pietät noch nicht weggeworfen haben? Lassen Sie von einem Kürschner einen Besatz für Ihr Twin-Set vom vorletzten Jahr oder einen Kragen für Ihren alten Wintermantel machen. Beides wird Ihnen wie neu vorkommen. Oder der Nerzmantel, den Sie wegen der militanten Tierschützer ewig nicht mehr gewagt haben zu tragen, und den Sie nicht mal im Second-Hand-Shop losgeworden sind? Als Innenfutter in einem Trenchcoat oder einem leichten Wollmantel ist er ideal und noch wunderbar ein paar Jahre zu tragen. Zu dicke Polster in den Jacken und Mänteln kann man entfernen und durch dünnere ersetzen. Passen Sie aber auf, der Sitz der Ärmel wird sich dadurch verändern. Das muss eine Schneiderin richten. Tipp: Lassen Sie das Futter und die Besätze abknöpfbar machen, damit die Sachen auch in der Übergangszeit zu tragen sind.

Gefällt Ihnen Ihr alter Wintermantel nicht mehr, weil er für die neuen Röcke nicht die richtige Länge hat? Machen Sie eine 3/4 lange Jacke daraus.

FARBWANDLUNGEN

Fast alle Stoffe lassen sich färben. Kleidungsstücke aus reiner Baumwolle oder Leinen können Sie selbst in der Waschmaschine oder mit der Hand färben, empfindliche Materialien gehören aber in die Hand eines Fachmannes – fragen Sie in Ihrer Reinigung.

Accessoires sind wichtig

SCHUHE
STRÜMPFE
HANDTASCHEN
HÜTE
GÜRTEL

TÜCHER UND SCHALS
DESSOUS
SCHMUCK
TASCHENTÜCHER

Perfekt wird ein Outfit erst mit den richtigen Accessoires, sie sind das absolute Tüpfelchen auf dem »i«. Die Farben, Muster und Materialien der Accessoires, die Sie zum Kostüm oder Hosenanzug wählen, bestimmen die Wirkung von sportlich bis elegant. So können Sie Ihre Basisgarderobe für Business- wie Privatleben mit wenigen Mitteln typgerecht und modisch stylen.

Schuhe

»Schlechte Schuhe verderben den Stil einer Frau«, hat Coco Chanel gesagt, und der typische Chanel-Schuh, der heute noch viele Frauen begeistert, kann den ganzen Tag über getragen werden. Regelmäßige Pflege ist selbstverständlich und Schuhspanner halten sie in Form, schiefe Absätze gehören sofort zum Schuster. Denken Sie daran, Schuhe sind ein Blickpunkt und deren Zustand verrät viel über den Charakter der Trägerin!

LEDER, LACK UND STOFF

Schwarze Schuhe passen optimal zu Ihren Basics. Der Verwendungszweck entscheidet über die Höhe und Form der Absätze. Qualität und Verarbeitung, aber auch eine gute Pflege sind Garanten für eine lange Haltbarkeit.

FEINSTES LEDER

Ein schmaler Gürtel lässt sich gut in Bundschlaufen schieben, über Pullis oder Pullunder betont er eine schöne Taille. Die Farbe des Gürtels und der Schnalle stimmen Sie auf die übrigen Accessoires Ihres Outfits ab.

Bei einer schlanken Taille ist ein Gürtel wunderbar geeignet, diese zu betonen. Möchten Sie keinen Gürtel tragen, dann trennen Sie die Bundschlaufen einer Hose lieber ab, als ohne Gürtel aus dem Haus zu gehen!

Gürtel

Handtaschen

Eine Handtasche in der Farbe Ihrer Basisgarderobe ist äußerst vielseitig, sie sollte aber nicht zu klein sein. Ob Sie sich für eine Umhängetasche, eine mit Tragegriff oder einen kleinen Rucksack entscheiden, hängt von Ihren Vorlieben ab. Wichtig ist eine sehr gute Qualität. Zu Einladungen, ob mittags oder abends, sollten Sie keinesfalls mit einer großen Umhängetasche oder einem Rucksack erscheinen. Als Faustregel gilt, je später der Abend, desto kleiner die Tasche.

Die hohe und schmale Schultertasche wirkt durch die Reduzierung auf das Wesentliche sehr elegant. Für den Abend genügt ein Täschchen in einer Größe, die Lippenstift, Puderdose und Taschentuch aufnimmt.

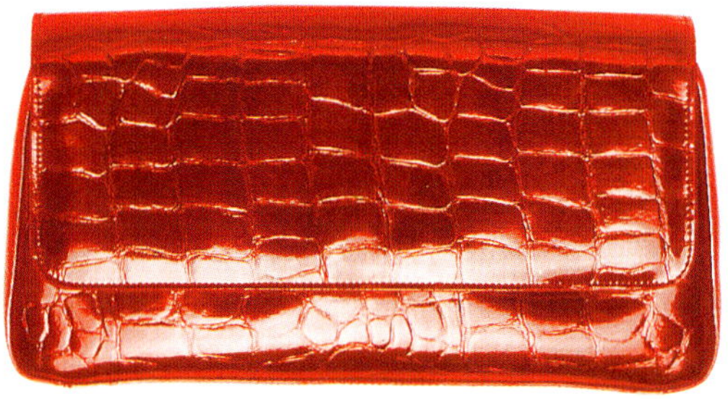

Hüte

Früher war es undenkbar, ohne Hut aus dem Haus zu gehen. Heute trägt man Hüte, weil man sie mag oder die ungewaschenen Haare verstecken will. Obligatorisch sind sie nur noch bei großen Hochzeiten und natürlich Pferderennen.

SOMMERKREATION

Wie hingehaucht und dabei unglaublich feminin wirkt dieser Sommerhut aus transparentem Gewebe. Er krönt ein elegantes Kleid oder Kostüm.

Ich liebe Hüte. Sie glauben gar nicht, wie toll sie mir stehen. Sicher wäre diese Liebe zu einem Tick ausgeartet, gäbe es nicht meinen Mann. Er hat doch wirklich bei jedem Modell, mit dem ich nach Hause kam, einen Lachkrampf bekommen. Die Krönung war, dass er jeden Hut sofort selbst aufgesetzt und ihn dann mit einem unheimlich dämlichen Gesicht durch die Wohnung getragen hat. Am Anfang unserer Ehe habe ich mich noch darüber hinweggesetzt. Ich erinnere mich an eine Italienreise, bei der ich mit einem riesigen Schlapphut, Stulpenstiefeln und weitem Cape durch Rom lief. Meinem Mann war das so peinlich, dass er immer zwei Meter hinter mir ging. Er behauptet heute noch, ich hätte ein Verkehrschaos verursacht! Inzwischen trage ich nur noch Kopfbedeckungen, die keinen Autofahrer auf die Bremse treten lassen. Wenn es regnet oder schneit, sind kleine Hüte mit schmaler Krempe ideal, und im Sommer, vor allem beim Golfen, sportliche Strohhüte als Schutz gegen die Sonne. Diese Art von Hüten akzeptiert inzwischen auch mein Mann. Ich beneide Frauen, denen Baskenmützen stehen. Sie sind so praktisch, vor allem bei schlechtem Wetter oder wenn die Frisur nicht mehr richtig sitzt. Aber leider misslingen alle meine Versuche, sie schräg, gerade, hinten oder vorn aufzusetzen. Ich sehe damit einfach unmöglich aus! Tolle Hutkreationen sieht man heute nur noch bei Hochzeiten oder Pferderennen.

Tücher & Schals

Tücher, oft auch als Karrees bezeichnet, werden in den Größen 40 x 40 cm bis 160 x 160 cm angeboten. Die Größe und das Material entscheiden über die Verwendungsmöglichkeiten. Ein kleines Nickituch aus Baumwolle wird dekorativ um Hals oder Stirn gebunden, ein großes Tuch aus Wolle oder Seide wärmt über Blusen, Pullis oder Blazer. Um einen Schal leger binden zu können, sollte er mindestens 50 x 140 cm groß sein, über einen Blazer muss er die Mindestmaße 70 x 180 cm haben.

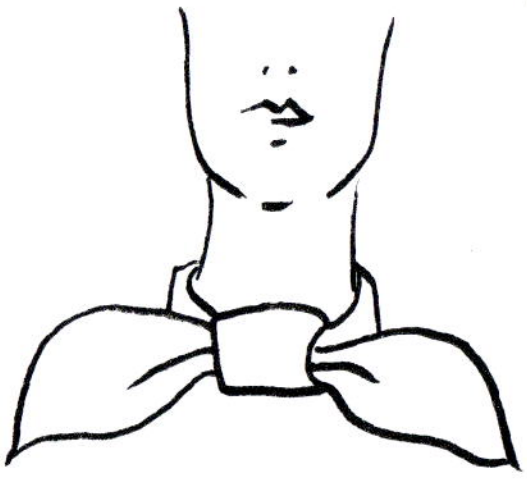

TUCHIDEE 1

Das Tuch zu einem lockeren Band falten. In der Tuchmitte einen Knoten machen und um den Hals legen – mit dem Knoten unter dem Kinn – dann die Enden um den Nacken führen und vorne durch den Knoten ziehen.

QUADRATISCHES TUCH

Ein quadratisches Tuch diagonal falten oder aufrollen, sodass ein lockeres Band entsteht, das viele Einsatzmöglichkeiten bietet. Man kann es durch Gürtelschlaufen ziehen, um den Hals schlingen oder die Haare damit zurücknehmen.

TUCHIDEE 2

Ein quadratisches Tuch wird zu einem Dreieck gefaltet, dann über den Kopf gelegt, sodass es tief in der Stirn sitzt. Dann binden Sie die Enden am Hinterkopf zu einem doppelten Knoten.

Dessous, Strümpfe, Taschentücher

Schöne Dessous und Strümpfe sind die Fortsetzung der Körperpflege und beides sollten Sie nie vernachlässigen. Mit Spitze oder Stickerei verziert, können Sie sich in BH und Höschen an Ihrem eigenen Anblick erfreuen. Spitzenverzierte Taschentücher sind prägend für Ihre Erscheinung als Frau mit Stil.

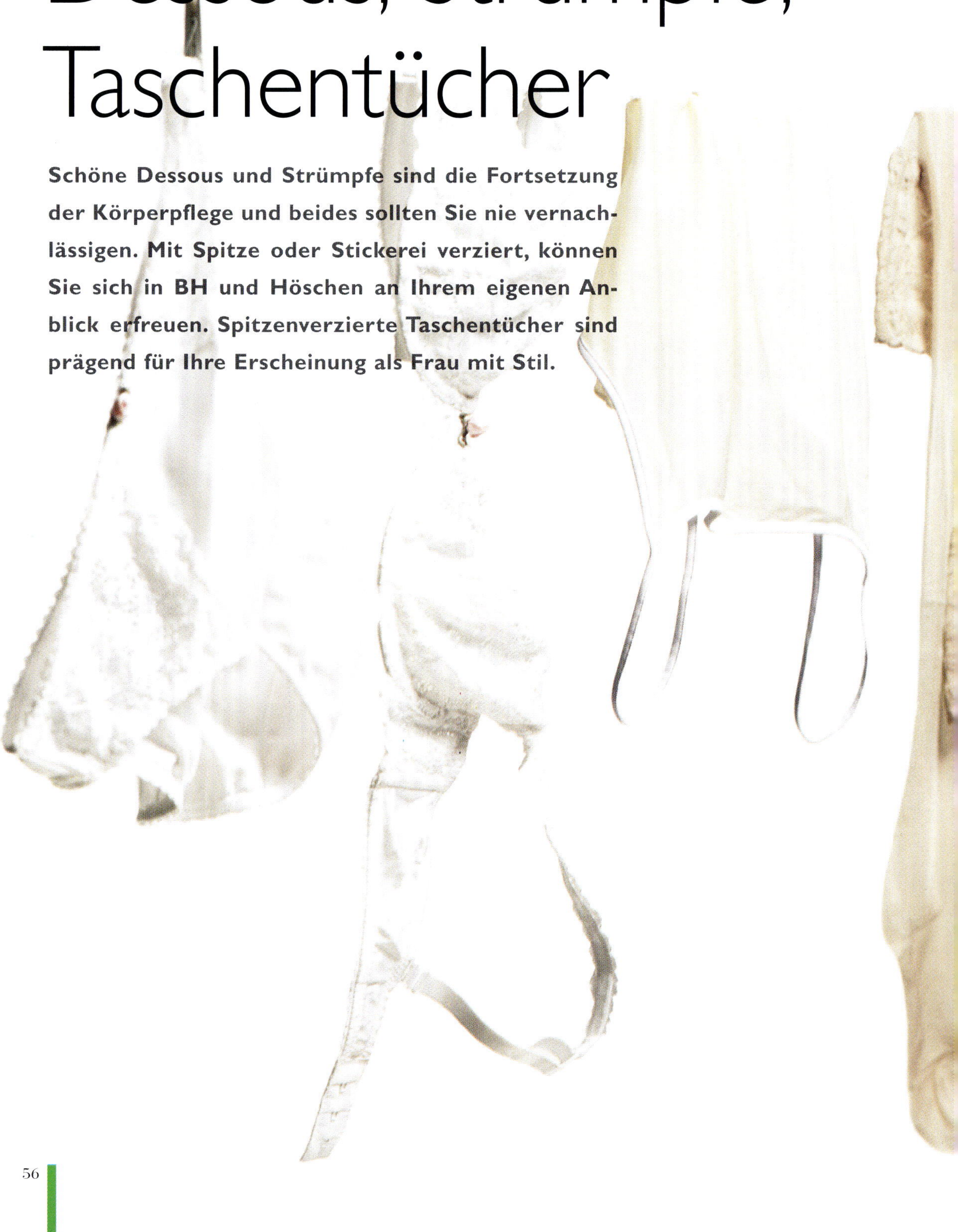

Was für ein Jammer, dass viele Frauen gerade Dessous so vernachlässigen. Ich hatte Kundinnen in meinem Geschäft, die für tausende von Mark eingekauft haben und deren Unterwäsche eine einzige Katastrophe war. Natürlich sind schöne Dessous teuer, aber es muss ja nicht immer feinste Spitze sein. Aber ein ausgeleierter Feinrippslip mit breitem Gummibündchen gehört einfach nicht unter ein elegantes Kleid oder ein Kostüm. Es gibt reizende Slips aus Baumwolle, BHs mit Lochstickerei und tolle Bodies, neuerdings auch aus Mikrofasern, die absolut erschwinglich und wirklich chic sind. Denken Sie immer daran, dass das nicht nur Ihr persönliches Wohlgefühl stärkt. Sie finden sicher auch Zustimmung bei Ihrem Mann oder Partner. Lassen Sie sich doch einfach mal ein Wäscheset schenken, Sie werden staunen, wie großzügig Männer bei Ausgaben dieser Art sind. Zu Dessous gehören natürlich auch Strümpfe und Feinstrumpfhosen, die glatt und anschmiegsam auf der Haut liegen. Laufmaschen sind absolut tabu, am besten halten Sie immer ein Paar als Ersatz in der Handtasche bereit. Taschentücher aus Stoff und Spitze sind um ein Vielfaches eleganter als ein Paket Papiertaschentücher. Diese sind wirklich nur bei einer riesigen Erkältung und einer permanent laufenden Nase angebracht. Ein kleiner Tipp: Verschenken Sie doch einmal Taschentücher anstatt Blumen.

TIPPS RUND UM DEN

Gehen Sie nie aus Frust einkaufen, sondern nur, wenn Sie richtig Lust dazu haben oder etwas Neues brauchen. Ich kenne einen Second-Hand-Shop, in den eine Frau immer ihre Frustkäufe schleppt. Jedesmal, wenn sie Krach mit ihrem Mann hat, geht sie mit seiner Kreditkarte einkaufen und ein paar Tage später landet das meiste ungetragen in dem Laden.

EINKAUFEN

HANDTASCHEN

Nicht zu große Handtaschen, die noch sehr schön aussehen, deren Henkel oder Lederriemen (zum Umhängen) Ihnen aber nicht mehr gefallen, können Sie zu Unterarmtaschen verwandeln, indem Sie sie von einem Taschner oder Schuster einfach abmachen lassen.

ABSÄTZE

Sind an Ihren Schuhen, die Sie leidenschaftlich gern tragen, die Absätze unmodern geworden, können Sie sie beim Schuster durch modernere ersetzen lassen.

Pelze entweder bei einem Kürschner über den Sommer zur Aufbewahrung geben, das kostet ca. 50.– DM, oder in einem Leinensack mit einem Mottenschutzmittel in einen kühlen, trockenen Keller hängen. Pelzhüte oder lose Pelzbesätze in Zeitungspapier wickeln und kühl und trocken »übersommern« lassen.

PELZE

Putzen Sie Ihre Schuhe regelmäßig und benutzen Sie Spanner mit Holzspitze und Metallspirale, dann bleiben sie schön in Form. Schiefe Absätze sind ein Graus – sofort zum Schuster damit!

SCHUHPFLEGE

HANDTASCHENPFLEGE

Lederhandtaschen ab und zu mit Niveacreme einreiben, das wirkt Wunder! Wertvolle Leder- und Abendtaschen sollte man in einem Stoffbeutel verpackt aufbewahren.

KLEIDERSCHRANK

STRUMPFREGELN FÜR DEN SOMMER

Im Sommer, wenn es heiß und die Beine ein wenig gebräunt sind, kann man ohne Strümpfe gehen. Es empfiehlt sich aber, vorher die Beine zu enthaaren! Hierzu gibt es Rasierer oder Enthaarungscremes in der Drogerie. Zu offiziellen Anlässen, wie etwa Empfängen, sollten Sie jedoch auch bei der größten Hitze Strümpfe tragen.

Die Garnstärke ist auf der Packung mit der Den-Zahl angegeben. Strümpfe mit einer niedrigeren Zahl als 20 sind relativ dünn und gehen sehr schnell kaputt, kaufen Sie lieber eine Größe größer als gewohnt.

DEN-ZAHL

LAUFMASCHEN

Eine beginnende Laufmasche kann man noch versuchen abzufangen, indem man farblosen Nagellack auf das Ende tropft. Aber nur, wenn sie noch nicht das Bein hinuntergelaufen, also nicht unter dem Rocksaum hervorgekrochen ist.

Rissige Hornhaut und schlecht gefeilte Fußnägel haben schon manchen Strumpf beim Anziehen kaputt gemacht. Bei langen, spitzen Fingernägeln Gummi- oder Plastikhandschuhe anziehen.

Strumpfhosen niemals in der Waschmaschine waschen, immer mit der Hand und mit Feinwaschmittel oder Haarshampoo.

STRUMPFPFLEGE

Das richtige Outfit

OFFIZIELLE TERMINE
PRIVATE TERMINE
ZU HAUSE
FAMILIENFESTE
SCHEIDUNG
BEERDIGUNG

SCHWANGERSCHAFT
HOCHZEIT
PARTY
THEATER
KONZERT
DRESSCODE

Sicher möchten Sie auch zu den Frauen gehören, die in jeder Situation optimal gekleidet sind, denn es gibt kaum etwas Unangenehmeres, als auf Grund der falschen Kleidung die Blicke auf sich zu ziehen. Bei offiziellen Einladungen können Dresscodes zur Orientierung helfen, für private und geschäftliche Events finden Sie hier Tipps, die Ihnen mit der Zeit in Fleisch und Blut übergehen.

Offizielle Termine

Ihre Basisgarderobe ist die optimale Voraussetzung für Ihren Erfolg bei geschäftlichen Terminen und am täglichen Arbeitsplatz. Wollen Sie im Beruf vorwärts kommen, versuchen Sie einfach, sich etwas chicer als Ihre Kolleginnen zu kleiden. Mit dem passenden Outfit zeigen Sie, dass Sie auch auf diesem Gebiet eine kompetente Fachfrau sind!

BUSINESSKOSTÜM

Der schmale Rock mit dem Blazer Ihrer Basics ist die optimale Voraussetzung für das Gelingen einer geschäftlichen Besprechung oder für ein erfolgreiches Arbeitsessen. Blickfang sind die pinkfarbene Chiffonbluse, ein Seidentuch in Pink-Orange-Tönen, goldene Ohrclips und eine Perlenkette. Schuhe und Handtasche aus schwarzem Leder unterstreichen die Eleganz.

DRESS FOR SUCCESS

Mit dem hellgrauen Hosenanzug setzen Sie sich bei geschäftlichen Gelegenheiten von der Schar der dunkel gekleideten Herren ab. Die schwarzen Accessoires wirken seriös, eine weiße Hemdbluse mit einem dezent farbig gemusterten Seidentuch lockert Ihr Erscheinungsbild stilvoll auf.

Sie wissen, Kleider machen Leute. Egal, auf welcher Stufe der Erfolgsleiter Sie stehen, wenn Sie weiterkommen wollen, ist neben der Qualifikation Ihre gepflegte Erscheinung ein wichtiges Kriterium. Auch als einfache Schreibkraft erwecken Sie mit einem engen, nicht zu kurzen Rock mit Bluse und Blazer oder einem gut geschnittenen Hosenanzug die gewünschte Aufmerksamkeit und heben sich wohltuend aus dem Jeans-und-T-Shirt-Einerlei hervor. Als Chefsekretärin müssen Sie immer wie aus dem Ei gepellt sein. Schlichte, aber elegante Kostüme oder Hosenanzüge in erstklassiger Verarbeitung und gedämpften Farben bilden das tägliche Outfit. Haben Sie einen Vorstellungstermin, ist der erste Eindruck prägend und entscheidend. Es ist erwiesen, dass Frauen mit selbstbewusstem Auftreten wesentlich mehr Chancen auf eine ausgeschriebene Stelle haben als eine unsichere, schlecht angezogene Mitbewerberin mit der gleichen oder sogar besseren Qualifikation. Mit einer schlichten Frisur, wenig Make-up und einem Outfit, in dem Sie sich wohl fühlen und das dem Image der Firma entspricht, überzeugen Sie jeden Personalchef. Vermeiden Sie unbedingt tiefe Ausschnitte, zu kurze Röcke und grelle Farben! Ihre Aufmachung soll nicht von Ihrer beruflichen Qualifikation ablenken, sondern sie unterstreichen. Strümpfe und gepflegte Schuhe mit halbhohen Absätzen ergänzen Ihr perfektes Styling!

Private Termine

Eine Einladung Ihres Chefs zum Abendessen nach Hause ist eine große Ehre. Kennen Sie die Frau Ihres Chefs, können Sie sich an ihr orientieren. Wagen Sie es nicht, sie auszustechen, denn das kann Sie Ihren Job kosten. Mit einem schlichten schwarzen Kleid oder Kostüm, dezentem Make-up und Perlohrringen sind sie immer gut angezogen. Zu einem Brunch dagegen, der meistens vormittags und am Wochenende stattfindet, ist erlaubt, was gefällt. Jeans mit einer Seidenbluse, Lederjacke und Pullover, einfach alles, womit man sich wohl fühlt, nur kein Jogginganzug. Sie haben einen tollen Typen kennengelernt und sind zum ersten Rendezvous verabredet. Ihr erster Gedanke, was ziehe ich an? Treffen Sie sich beim Italiener nebenan, reichen Jeans und Blazer. Ist es aber das Luxusrestaurant der Stadt, würde ich das kleine Schwarze mit einem etwas tieferen Ausschnitt empfehlen. Das wichtigste ist das Darunter, es könnte ja eine längere Nacht werden!

WOHLFÜHLKOMBINATION

Die Seidenbluse mit rosa-gelbem Paisley-Muster ist in der Taille geknotet, der Longblazer in Rauchblau hat Seitenschlitze und ist einen Ton dunkler als die schmale Hose. Sling-Pumps aus rosafarbenem Satin und eine bestickte Seidentasche, die die orientalische Note der Bluse aufgreift, ergänzen die außergewöhnliche, aber stilsichere Kombination.

Zu Hause

Es gibt viele Möglichkeiten, sich zu Hause leger und chic zu kleiden. Hausanzüge aus weichen Stoffen, Kaftane und japanische Kimonos sollten aber privaten Stunden vorbehalten sein. Wenn Freunde kommen, fühlen Sie sich in legeren Kombinationen viel besser gekleidet.

LEGER GÄSTE EMPFANGEN

Tauschen Sie Ihr Businesskostüm gegen einen aufregend gemusterten Wickelrock in Ihrer Lieblingsfarbe und ergänzen ihn mit einer bequemen unifarbenen Seidenbluse. So können Sie mit Partner und Freunden lange Gespräche führen oder auch nur ein Buch lesen.

Als ich ganz jung war, sah ich einen Film mit dem Titel »Die Frau im Morgenrock«. Tagaus und tagein lebte die Frau in ihrem trostlosen geblümten Morgenrock, und ihr Leben und ihre Ehe zerbrachen daran. Das hat mich so beeindruckt, dass ich niemals einen Morgenrock haben wollte. Es ist nichts dagegen zu sagen, mal ein Wochenende oder einen nebligen Novembertag in einem kuscheligen Bademantel zu verbringen. Es ist jedoch eine Katastrophe und der Tod einer jeden Beziehung, wenn Sie zu Hause immer so rumlaufen. Schließlich kann auch bequeme Kleidung chic sein. Am gemütlichsten sind Kaftane, die übrigens auch Männer tragen können, ein paar Kilo zuviel lassen sich geschickt darunter verbergen. Auch japanische Kimonos aus gemusterten oder einfarbigen Stoffen sehen toll aus und lassen sich außerdem leicht selbst nähen. Zu meinen Verkaufsschlagern gehörten sogenannte Hausanzüge aus Wolle, Baumwolle und Frottee, von denen ich selbst eine ganze Sammlung besitze und die ich immer noch mit Begeisterung trage. Sie eignen sich bestens, wenn Sie mal die Seele baumeln lassen und sich völlig entspannen möchten. Selbst wenn unangemeldeter Besuch kommt, (was ich hasse wie die Pest), bin ich damit doch immer richtig angezogen.

Die Taufe ist ein reines Familienfest, das meistens am Wochenende vormittags stattfindet, anschließend wird zu einem kleinen Empfang oder Mittagessen eingeladen. Bei einem solchen Anlass sollten Sie das Hübscheste anziehen, was Sie haben. Das kann ein Kleid, ein Kostüm oder ein Hosenanzug sein, und gerade im Frühling oder Sommer bieten sich helle und freundliche Farben an. Vielleicht haben Sie erst kürzlich geheiratet, dann ist Ihre Bekleidung von der standesamtlichen Trauung bestens geeignet. Bei den Männern herrscht zur Taufe Krawattenzwang, Jeans sind für alle tabu. Steht ein Jubiläum an, entscheiden Jubilar oder Jubilarin über die Art und den Rahmen der Feier. Findet sie im kleinen Familienkreis statt, wissen Sie sicherlich selbst, welche Kleidung erwünscht ist. Zu einer größeren Feier erhalten Sie meistens eine schriftliche Einladung und Sie können sich nach dem gewünschten Dresscode richten. Gibt es keine ausdrückliche Kleidervorschrift, fragen Sie am besten die Gastgeber, was sie selbst tragen. Haben Sie dazu keine Gelegenheit, orientieren Sie sich an der Art des Lokals, in dem das Fest stattfindet, auch die Tageszeit ist ausschlaggebend. Zum Abendessen im eleganten Restaurant ist ein dunkler Anzug, ein Kostüm oder das kleine Schwarze angemessen. Feiern zu Hause entsprechen in etwa dem Dresscode »casual« bis »sportlich elegant«.

Familienfeste

Der Anlass und die Tageszeit der Einladung bestimmen die Art der Bekleidung. Um weder over- noch underdressed zu sein, ist gegenseitige Beratung mit anderen geladenen Gästen oft sehr hilfreich.

STRAHLENDE ELEGANZ
Das Ensemble aus rotem Ausbrenner-Organza ist ein tolles Outfit für eine Taufe oder für die Einladung zur Jubiläumsfeier in ein Restaurant. Das Shiftkleid ist ärmellos, der langärmelige Mantel etwas kürzer als der Kleidersaum. Wenig, aber großer goldfarbener Schmuck, schwarze Lackschuhe und -tasche setzen die Kombination in Szene.

Scheidung

Sollten Sie froh sein, daß Sie »ihn« los sind, können Sie diesen Absatz auslassen. Aber wenn Sie Ihren künftigen »Ex« nur ein bisschen ärgern wollen, dann holen Sie alles aus sich raus, was möglich ist!

Kleiden Sie sich so chic, dass der gegnerische Anwalt sich mit Ihnen verabreden will und Ihren »Ex« für einen ausgemachten Trottel hält. Lassen Sie sich eine neue Frisur machen und wenn nötig die Haare färben. Kaufen Sie das tollste Kostüm, das Sie finden können, mit einem Rock so kurz, wie es Ihre Beine und Ihr Alter erlauben. Pumpen Sie zur Not Ihre beste Freundin dafür an. Ein Paar Stilettos, die Ihre Beine endlos erscheinen lassen, sollten Sie sich ebenfalls leisten. Schminken Sie sich und setzen Ihr strahlendstes Lächeln auf, auch wenn Ihnen zum Heulen zumute ist.

Beerdigung

Bei einer Beerdigung ist nicht das Kleidungsstück, sondern die Farbe entscheidend. Auch wenn es noch so schwer fällt, an einem heißen Sommertag sind ärmelfreie Kleider und strumpflose Beine absolut tabu.

Für die engsten Hinterbliebenen gilt grundsätzlich die Farbe Schwarz oder Dunkelblau, egal, zu welcher Jahreszeit die Beerdigung stattfindet. Auch Schuhe, Strümpfe und die übrigen Accessoires sind dunkel, eine Witwe kann einen Hut mit Schleier tragen, der das Gesicht verbirgt. Die übrigen Trauergäste können sich in gedeckten Farben wie grau oder braun kleiden, auf jeden Fall sind leuchtende Farben zu meiden. Schmuck ist mit Ausnahme von Perlen nicht angebracht, denn diese symbolisieren Tränen. Ein blaues oder schwarzes Cape ist nicht nur für eine Beerdigung ein praktisches Kleidungsstück, da Sie es über jedem Kostüm oder Hosenanzug tragen können, ohne Ihre Bekleidung komplett wechseln zu müssen. Vergessen Sie nicht, einige Taschentücher und eine Sonnenbrille bereit zu halten. Wasserfeste Wimperntusche ist an diesem Tag ebenfalls hilfreich.

Ausgerechnet als wir uns 1966 mit »Maja of Munich« selbstständig machten, wurde ich schwanger. Was lag näher, als für mich einige Umstandskleider zu entwerfen, zumal die in den Fachgeschäften angebotenen »Säcke« einfach scheußlich waren. Eines dieser Modelle wurde ein Verkaufsschlager, besonders auch für nicht schwangere Frauen. Müssen Sie nicht täglich geschäftsmäßig gekleidet sein, ist es einfach, sich witzig und gut anzuziehen. Was Sie brauchen, sind ein oder zwei Hosen und Röcke mit Schlitz und einem Bund aus Gummi, der praktisch »mitwächst«. Darüber tragen Sie weite Sweat- oder T-Shirts, Pullis oder legere Blusen. Witzig sind auch Overalls und Latzhosen mit weiter Taille, die man anfangs mit einem Gürtel zusammenhält; später fällt der Gürtel weg. Zum Ausgehen brauchen Sie ein bis zwei weiter geschnittene Kleider. Denken Sie daran, Sie sind schwanger und nicht krank, und jetzt haben Sie noch unbeschränkt Zeit, alle Einladungen zu genießen.

Schwangerschaft

Um die Ausgaben in Grenzen zu halten, kombinieren Sie wenige Neuanschaffungen mit bereits vorhandenen Oberteilen, so sind Sie immer topchic angezogen.

FÜR ALLE UMSTÄNDE

Ein langes, schmal geschnittenes Kleid aus dehnbarem Stoff wächst in den neun Monaten der Schwangerschaft mit. Sie können es aber auch durch Rock und Shirt oder Pulli ersetzen. Die offen getragene Hemdbluse mit schönem Karomuster oder ein Hemd Ihres Mannes ersetzen eine Jacke. Ganz wichtig sind bequeme Schuhe, die deswegen aber trotzdem chic und modisch sein dürfen.

Hochzeit

Am schönsten Tag im Leben einer Frau bereitet die Kleiderfrage das größte Kopfzerbrechen. Unter einer Vielzahl von Nuancen, angefangen beim konventionellen Weiß über Ecru bis hin zum Perlgrau gilt es, die passende Farbe zu finden. Die nächste Hürde ist der Schnitt, hier müssen Sie sich entscheiden, ob das Kleid romantisch verspielt oder schlicht und elegant sein soll. Wenn Sie ein schulterfreies Kleid wählen, sollten Sie während der kirchlichen Zeremonie ein Jäckchen tragen, denn nackte Schultern sind hier tabu. Wollen Sie eine Schleppe, einen langen Schleier oder genügt Ihnen ein Blütenkranz im Haar?

Fangen wir mit dem Standesamt an. Sie sind glücklich verliebt und wollen natürlich Ihrem Bräutigam gefallen. Dafür brauchen Sie unbedingt etwas Neues! Zu jeder Jahreszeit ist ein Kostüm passend, natürlich können Sie auch einen Hosenanzug tragen. Kaufen Sie nur etwas, in dem Sie sich absolut wohl fühlen, das garantiert Ihnen einen strahlenden und selbstsicheren Auftritt. Später können Sie es zu anderen festlichen Anlässen, etwa einer Taufe, wieder anziehen. Wenn Sie Hüte lieben, dann ist Ihre Hochzeit die Gelegenheit, einen zu tragen, ohne sich overdressed zu fühlen. Denken Sie auch an die passenden Accessoires wie Schuhe, Handtasche und Handschuhe, alles sollte perfekt zusammenpassen. Planen Sie eine kirchliche Hochzeit, brauchen Sie natürlich ein Brautkleid. Der Stress der Kleiderwahl für das Standesamt ist nichts, aber auch gar nichts im Vergleich zum Aussuchen des Brautkleides! Die meisten Bräute sind jung und aufgeregt und haben oft die Mutter, Schwiegermutter oder die beste Freundin im Schlepptau. Im schlimmsten Fall alle drei, von denen dann jede eine andere Meinung hat. Das lässt die Wahl wirklich zur Qual werden! Eine gute Verkäuferin berät Sie oft besser als jeder andere vertraute Mensch, da Sie Ihnen vollkommen neutral gegenüber steht. Finden Sie nicht auf Anhieb das Richtige, suchen Sie in Ruhe weiter, denn Sie müssen sich in Ihrem Kleid hundertprozentig wohl fühlen!

Kürzlich rief mich eine Freundin an und war völlig ratlos, was sie anziehen solle, da sie eine Einladung mit dem Dresscode »sportlich elegant« erhalten habe. Es gibt fünf Begriffe, die die Kleidervorschriften ziemlich genau festlegen. Erhalten Sie eine Einladung, auf der »casual« steht, übersetzt heißt das leger oder lässig, so bedeutet dies, dass man sich nicht fein machen muss. Natürlich sollte man nicht im Jogginganzug erscheinen, aber Jeans sind erlaubt. Männer dürfen die Krawatte weglassen und die Damen lassen die größeren Juwelen im Safe. Die Bezeichnung »sportlich elegant« erlaubt ebenfalls Jeans, aber in Kombination mit einem eleganten Top und Blazer. Turnschuhe sind zwar sportlich, aber nicht elegant, deswegen sollten Sie einen schönen Schuh, flach oder mit Absatz, tragen. Auch ein Hosenanzug oder Kostüm, egal ob uni, gestreift oder kariert, mit Pulli oder T-Shirt kombiniert, entsprechen dem Anlass. Findet die Einladung in einer kühleren Jahreszeit statt, ist ein großes Tuch über dem Blazer sehr praktisch und chic. Legt der Dresscode »dunkler Anzug« fest, will der Gastgeber damit sagen, dass sich die Gäste etwas eleganter kleiden sollen. Jeans sind absolut tabu! Ein Kostüm oder Hosanzug, wie für die Cocktailparty beschrieben, sind in diesem Fall richtig, perfekt gekleidet sind Sie mit dem kleinen

Einladung mit Dresscode

Dieser Ausdruck bedeutet schlicht und einfach Kleidervorschrift. Es ist ein Rahmen, an dem Sie sich orientieren sollten, denn er gibt Ihnen die Sicherheit, weder under- noch overdressed zu sein.

GROSSE ROBE

Ein Ballkleid, das sich an Eleganz kaum überbieten lässt. Am schulterfreien Bustieroberteil aus schwarzem Samt ist ein weit schwingender Rock aus mehreren Lagen Organza angesetzt. Die Bindebänder der taillenkurzen Bluse werden mehrmals um die Taille gewickelt und als Schleife oder Knoten gebunden. Schlichter, aber großer Silberschmuck, anthrazitfarbene Pumps und eine elegante Abendtasche betonen das stilsichere Understatement.

ELEGANT ZUR HOCHZEIT

Das lange, schwingende Chiffonkleid in Orange-Gelb-Tönen ist für eine Einladung zur Hochzeit in den Sommermonaten ein zauberhaftes Outfit. Der Schal wird dekorativ um die Schultern oder von vorne nach hinten um den Hals gelegt. Sandaletten und Handtasche sowie der duftig wirkende Hut in hellem Beige und Goldschmuck machen Ihren Auftritt unvergesslich.

Schwarzen. Lautet die Kleidervorschrift »Smoking«, dann handelt es sich um ein größeres Fest. Es wird erwartet, dass die Damen in einem kleinen Abend- oder Cocktailkleid erscheinen, ob kurz oder lang, bestimmen Sie selbst. Bei dem Hinweis »Frack oder Cut« auf der Einladung richtet sich die Kleidung nach dem Anlass. Ist es eine Abendveranstaltung, müssen die Damen ein luxuriöses, langes Abendkleid tragen. Die Robe kann gar nicht groß und elegant genug sein. Der Schmuck, der sonst im Safe schlummert, darf jetzt endlich einmal ausgeführt werden. Sind Sie zu einer Hochzeit mit diesem Dresscode eingeladen, brauchen die Damen ein sehr elegantes Kostüm oder ein Kleid mit Mantel oder Jacke. Aber denken Sie daran, niemals in Weiß oder Schwarz. Weiß ist die Farbe der Braut, und Schwarz die Farbe der Trauer, beides ist für Hochzeitsgäste tabu. Ein Hut, passend zum Kostüm, gehört unbedingt dazu. Ob er größer oder kleiner ausfällt, bleibt Ihrem persönlichen Geschmack überlassen. Ist eine Einladung an einen weiblichen Single gerichtet, werden die Bezeichnungen »dunkler Anzug« gegen »Kleidung elegant«, »Smoking« mit »Cocktailkleid« und »Frack oder Cut« in »Abendkleid« ausgetauscht. Ganz selbstverständlich ist, dass die Hinweise der Dresscodes genauso für die männlichen Begleiter gelten.

Party, Theater, Konzert

Eine gut gekleidete Abendgesellschaft trägt und hebt die Atmosphäre einer gelungenen Veranstaltung. Das Auswählen des passenden Outfits, das Ankleiden und Schmücken stimmen auf den Anlass ein und steigern die Vorfreude.

Cocktailparties finden meistens von 18 oder 19 Uhr bis etwa 21 Uhr statt. Kaum eine berufstätige Frau hat die Möglichkeit, nach Hause zu gehen und sich umzuziehen. Ich selbst hatte es zur Perfektion gebracht, das Kostüm oder den Hosenanzug, den ich tagsüber im Geschäft trug, für den Abend zu verwandeln. Wenn ich während des Tages Rollkragenpulli oder T-Shirt anhatte, dann habe ich mir morgens eine Seidenbluse, High Heels, große Ohrclips und eine Unterarmtasche eingepackt und mich abends nach der Arbeit zurecht gemacht. Haben Sie vorher genügend Zeit, sich umzuziehen, passt das kleine Schwarze immer. Weder für den Theaterbesuch noch für Vernissagen gibt es Kleidervorschriften, aber für Ihr eigenes Wohlgefühl dürfen Sie sich ruhig chic kleiden. Es ist kaum zu

LEGERE ELEGANZ

Die schmale Seidenhose mit Fantasie-Print in Pastelltönen wird mit der hüftkurzen kragenlosen Jacke aus Seide in Silbergrau betont. Sie ist mit drei Knöpfen geschlossen und gibt den Blick auf das schwarze Shirt frei. Die Tasche und Sandaletten in Schwarz setzen elegante Akzente. Silberschmuck verstärkt die kühle Note.

ELEGANZ UND STIL

Das knöchellange, schmal geschnittene Seidenkleid ist an Saum und Ausschnitt mit einer cremefarbenen Blende betont. Die schwarz-weiß gemusterte Seidenstola drapieren Sie um die Schultern, die übrigen Accessoires wie Schuhe, Schmuck und Handtasche sind schlicht, aber wirkungsvoll und betonen den »clean chic« des eleganten Kleides.

glauben, in welchen Klamotten die Leute in die Oper oder ins Konzert gehen. Man sieht Jeans, offene Hemden, Turnschuhe usw. Ich finde es wirklich bedauerlich, dass es dafür keinen Dresscode mehr gibt. Nur zu großen Galakonzerten, zur Eröffnung der Opernfestspiele in Bayreuth oder den Salzburger Festspielen ziehen sich die meisten noch »richtig« an. Manche aber holen zu diesen Anlässen immer wieder dasselbe, vor 20 Jahren gekaufte Teil aus dem Schrank, was einen Freund einmal veranlasste, zu einer Dame der Münchner Gesellschaft zu sagen: »Meine Liebe, dieses Kleid steht Ihnen wirklich von Jahr zu Jahr besser.« Also aufgepasst, ein Kompliment dieser Art ist ein Wink mit dem Zaunpfahl. Ich selbst genieße es, zu solchen Gelegenheiten ein elegantes langes Kleid anzuziehen und mich richtig zu schmücken. Zu Parties mit Tanz oder einem Ball wird grundsätzlich schriftlich eingeladen, ein Dresscode weist auf die Art der Kleidung hin. Auch ohne Kleidervorschriften sind Sie zur Party mit Tanz mit einem aufwändigeren Cocktailkleid oder schlichten langen Kleid immer passend angezogen. Am einfachsten ist es, die Gastgeberin zu fragen, was sie selbst anzieht. Zum Ball brauchen Sie unbedingt ein kurzes oder langes Abendkleid, denn mit einem kleinen Schwarzen fühlen Sie sich zwischen den ganzen Roben mit Sicherheit deplatziert.

Koffer packen leicht gemacht

GESCHÄFTSREISE

URLAUBSREISE

KREUZFAHRT

WELTREISE

Für viele sind Gedanken ans Kofferpacken eine wahre Horrorvision, denn selten passt all das hinein, was man »unbedingt« braucht, um täglich anders gekleidet zu sein und zum Schluss lässt sich der Koffer nur schwer schließen. Wie zerknittert und zerknautscht Ihre Kleidungsstücke bei der Ankunft sind, wissen Sie sicher aus Erfahrung. Mit einer gut durchdachten Planung können Sie in Zukunft mit leichtem Gepäck verreisen, sind immer chic angezogen, und haben sogar noch Platz für Ihre Einkäufe.

Geschäftsreise

Für eine kurze Geschäftsreise brauchen Sie, wenn Sie geschickt planen, nur eine Reisetasche oder einen kleinen Koffer. Damit ersparen Sie sich auch das nervige Warten am Gepäckband. Alle einzelnen Bestandteile Ihrer Garderobe sollten Sie miteinander kombinieren können. Für längere Reisen packen Sie Basics wie Jacke und Pepitahose mit ein, auch eine Jeans sollte in Ihrem Gepäck nicht fehlen.

Beschränken Sie sich beim Einpacken für die Geschäftsreise auf Ihre Basics, sie lassen sich mit wenigen Oberteilen optimal kombinieren. Mit Hosenanzug und Rock in einer Farbe brauchen Sie Accessoires wie Schuhe und Tasche auch nur einmal mitzunehmen. Am praktischsten sind Schwarz, Dunkelblau oder Grau, denn sie überstehen ein paar Tage ohne Reinigung, und sollte doch einmal ein Fleck drauf kommen, lässt er sich leichter als auf einem hellen Stoff entfernen. Mit zwei bis drei Oberteilen in verschiedenen Farben können Sie jeden Tag anders aussehen. Sollten Sie am Abend verabredet sein, nehmen Sie zusätzlich eine elegante Jacke oder ein Oberteil mit. Modeschmuck und eine kleine Handtasche machen das Ganze ausgehtauglich. Ist noch ein bisschen Platz im Koffer, packen Sie ein Paar Abendschuhe ein.

BUSINESS-GEPÄCK
Mit dem roten Twinset, der schmalen grauen Hose, einem dunklen Blazer, weißer Hemdbluse und rotem Seidentuch im Koffer bieten sich viele Kombinationsmöglichkeiten für eine kurze Geschäftsreise. Schuhe, Gürtel und die übrigen Accessoires sind aufeinander abgestimmt.

Urlaub

In einem Hotel der mittleren Preisklasse wird auf Garderobe nicht allzuviel Wert gelegt, dagegen findet in Luxushotels von morgens bis abends die Modenschau der Gäste statt. Sind Sie mittlerweile ein Profi im Kombinieren, werden Sie auch hier viel Platz im Koffer sparen. Den können Sie besser mit neuen und interessanten Kleidungsstücken vom Urlaubsshopping auffüllen.

URLAUBSUTENSILIEN

Pareo, Badeanzug, Jeans und Shirt sind die wichtigsten Utensilien für einen Badeurlaub. Der Rucksack eignet sich für Strandausrüstung und Urlaubsshopping, Turnschuhe und Sandalen gehören für die Tage des Faulenzens ebenfalls in den Koffer. Ein Sonnenhut, Sonnenbrille und witziger Modeschmuck ergänzen die Packliste.

Machen Sie Urlaub im Hotel der mittleren Preisklasse, gilt als Grundsatz: Erlaubt ist, was gefällt. Das soll Sie natürlich nicht davon abhalten, trotzdem immer chic gekleidet zu sein. Anders ist es in einem Luxushotel. Beim Badeurlaub geht schon am Strand oder dem Pool die Modenschau los. Sie brauchen mehrere Bikinis oder Badeanzüge, möglichst aus den neuesten Designer-Collectionen. Für den Drink an der Bar oder zum Mittagessen binden Sie sich einen Pareo um, oder tragen ein weites Baumwollhemd oder ein loses T-Shirt darüber. Für das Mittagessen im Hotelrestaurant ist ein Kleid, Kostüm oder eine Hose mit Top wünschenswert. Die abendliche Eleganz im Speisesaal richtet sich nach dem jeweiligen Trend und Geschmack der Trägerin, nur Jeans sind tabu. Sollte ein Galadiner stattfinden, tragen Sie ein schlichtes Abend- oder Cocktailkleid.

Wie finde ich meinen Typ?

Vollkommen hilflos, von verschiedenen Bekleidungsstücken in den unterschiedlichsten Farben umgeben, stehen viele Frauen beim Einkaufsbummel vor der Frage, ob nun das blaue Kostüm oder das gelb gemusterte Blümchenkleid, ein lachsfarbenes Twinset oder die hellgrüne Rüschenbluse besser passen. Auf den folgenden Seiten finden Sie konkrete Tipps, wie Sie gezielt herausfinden, welche Farben und welche Stilrichtung für Sie die richtigen sind.

Weniger ist mehr!

Nehmen Sie sich Zeit, Ihren Typ zu finden, denn nahezu jede Veränderung ist machbar. Beginnen Sie mit kleineren Veränderungen am Make-up oder wechseln Sie allmählich Ihre Haarfarbe. Probieren Sie mit einfarbigen Stoffresten aus, ob eher kühle oder wärmere Farben Ihren Teint beleben. Mit Hilfe einer geschulten Verkäuferin finden Sie zu Ihrem ganz persönlichen Kleidungsstil, den Sie mit Hilfe dieses Buches Schritt für Schritt ausbauen können.

Es ist nicht leicht, seinen Typ zu finden, oder das, was man bisher dafür gehalten hat, zu verändern. Wenn Sie bisher ein sogenannter romantischer Typ waren, können Sie nicht plötzlich zu einem Vamp werden. Auch ein Wandel von sportlich zu dramatisch ist nicht von heute auf morgen zu schaffen. Nehmen Sie sich Zeit, denn alles ist machbar, wie folgende Beispiele beweisen.

Paloma Picasso, etwas kurzbeinig und gedrungen und absolut keine Schönheit, hat aus sich einen tollen Typ gemacht. In den 60er Jahren hatte ein Fotograf von ihr ein völlig überbelichtetes Foto geschossen, das eigentlich misslungen war. Ihr Gesicht war ganz weiß, der Mund grellrot und das Haar pechschwarz. »Genau das bin »ich«, das ist mein Typ«, sagte sie und schminkte sich fortan das Gesicht ganz hell und die Lippen dunkelrot. Um diesen Effekt noch zu unterstreichen, trägt sie fast nur Schwarz. Sie sagt, sie brauche gar nicht viel zum Anziehen, vor allem, wenn sie reist. Schwarze Hosen, einen schwarzen Rock und Rollkragenpulli oder T-Shirt. Das passt am Tag und am Abend, und wenn es ein bisschen eleganter sein soll, peppt sie das Ganze mit einem bunten Schal und Schmuck aus ihrer eigenen Collection auf.

Marlene Dietrich, im »Blauen Engel« noch ein spießiges Pummelchen, wandelte sich in Hollywood zu einer Göttin, einer der tollsten Frauen der Welt. Sie wurde ein Typ, und einer ihrer berühmtesten Aussprüche war: »Die Dietrich muss der Dietrich gefallen!«

Oder schauen Sie sich die Callas an, bevor sie Onassis kennen lernte. Unglaublich, wie vorteilhaft sie sich verändert hat. Ein besonderes Beispiel, wie man seinen Typ immer wieder durch Frisur, Haarfarbe und Kleidung verändern kann, ist Madonna.

Sie benötigen etwas Zeit auf der Suche nach Ihrem Typ, aber ich garantiere Ihnen, es lohnt sich. Das A und O dabei ist, dass Sie sich in Ihrer Haut wohl fühlen! Eine üppige Figur, deren Formen gekonnt betont werden, wirkt beeindruckender als eine überschlanke Frau, die angesichts dauernder Fastenkuren einen unglücklichen und säuerlichen Eindruck vermittelt. Auch ein nachgemachtes Trend-Make-up aus dem neuesten Modeheft ist fehl am Platz, wenn Sie das bedrückende Gefühl haben, die wandelnde Farbpalette eines Malers zu sein. Sind Sie mit Ihrem Aussehen unzufrieden, beherzigen Sie folgende Ratschläge: Stellen Sie sich vor den Spiegel und betrachten Sie sich kritisch. Schreiben Sie auf, was Ihnen an Kopf und Körper gut und was Ihnen nicht gefällt. Überlegen Sie dann, wie Sie das, was Ihnen nicht gefällt, kaschieren, und das, was hübsch ist, besonders betonen können.

Fangen wir bei der Frisur an. Binden Sie Ihre langen Haare einfach nur hinten zusammen, um Zeit und Geld zu sparen? Dann sollten Sie sich von einem wirklich guten Friseur beraten lassen, ob nicht ein Kurzhaarschnitt Ihren Typ vorteilhaft verändern würde. Der Erfolg kann enorm sein, ebenso die Änderung der Haarfarbe. Trugen Sie bisher kein Make-up, sollten Sie es mit einer leicht getönten Tagescreme, einem Hauch von Rouge, Lipgloss und

Wimperntusche probieren. Sie werden erstaunt sein, wie positiv Ihre Umwelt auf diese Veränderung reagiert. Fühlen Sie sich mit Ihrem Gewicht überhaupt nicht wohl, führt kein Weg daran vorbei, abzunehmen, aber am besten sofort. (Lesen Sie mehr darüber in einem späteren Kapitel.) Haben Sie Ihr realistisches Traumgewicht erreicht, das Sie auf lange Sicht halten können, gehen Sie hübsch frisiert und dezent geschminkt zum Einkaufen. Sie werden sich sonst in keinem Kleidungsstück gefallen. Lassen Sie Ihre beste Freundin zu Hause, denn was ich da im Laufe meiner Modetätigkeit erlebt habe, ist wirklich ungeheuerlich! Sagen Sie der Verkäuferin, dass Sie Ihren Typ verändern wollen. Sie merken schnell, ob Ihnen eine Verkäuferin nur etwas aufschwatzen will oder ob sie begreift, was Ihr Ziel ist. Gefällt Ihnen nichts, gehen Sie ins nächste Geschäft. Probieren Sie solange aus, bis Sie etwas finden, in dem Sie sich wohl fühlen. Sind Ärmel oder Rock zu lang, lassen Sie es gleich im Geschäft abstecken und ändern. Achten Sie auf Qualität und kaufen Sie lieber nur ein gutes Stück als zwei minderwertige Teile. Nehmen Sie anfangs nur ein komplettes Outfit und tragen Sie das, kombiniert mit passenden Teilen, so oft wie möglich. So erfahren Sie, ob es Ihr Stil ist. Denken Sie daran, wenn Sie sich gefallen, gefallen Sie auch anderen!

EINKAUFSBUMMEL

Zum Shopping in München, aber auch in allen Metropolen der Welt, haben Sie ein gutes Gefühl, wenn Sie chic gekleidet sind. Eine gut geschulte Verkäuferin kann an der Kleidung und Ihrem Auftreten Ihren Stil erkennen und Sie dahingehend beraten. Umgekehrt hilft sie natürlich auch, Ihren eigenen Stil zu finden.

An Maja Schulze-Lackner wirken das ecrufarbene Kostüm mit kragenloser Jacke und einer weißen Seidenbluse sehr sommerlich. Schuhe, Strümpfe und die Handtasche sind perfekt auf das Outfit abgestimmt, der Modeschmuck betont ihren Stil.

Welche Farben passen zu mir?

Ihre persönlichen Lieblingsfarben sind nicht unbedingt auch für Ihr Äußeres passend und können sogar Ihren natürlichen Teint stumpf erscheinen lassen. Sicher gibt es in der umfangreichen Palette Farben, die miteinander harmonieren, aber nur die richtige Nuance kann ihren Typ optimal zur Geltung bringen. Ich schlage Ihnen vier verschiedene Farbtypen vor, denen Sie sich zuordnen können. Die Auswahl attraktiver Farbkombinationen soll Ihnen helfen, die zu Ihnen passende Farbe zu finden.

Nun zu den Frauen, die gar nicht wissen, welche Farben zu ihnen passen. Ich bin kein Fan von professionellen Farbberatern. Ich habe mich vor Jahren einmal einer solchen Dame anvertraut, nicht weil ich wissen wollte, welche Farben zu mir passen (das wusste ich schon lange), sondern aus rein beruflichem Interesse. Ich habe vergessen, ob ich nun ein Winter- oder Sommertyp bin, ich weiß nur noch, dass sie Orange ganz toll für mich fand. Und ich hasse Orange!! Also sparen Sie das Geld. Besorgen Sie sich in einem Restegeschäft Stoffe in den Farben, die Ihnen gefallen und von denen Sie meinen, dass sie Ihnen stehen würden. Die Qualität ist egal, es kann ein ganz billiges Material sein. Die Stücke müssen nur so groß sein, dass Sie sie sich umlegen können, also mindestens 50 cm. Dann machen Sie sich ein bisschen zurecht (ab einem gewissen Alter steht einem gar nichts ohne etwas Make-up) und stellen sich vor einen Spiegel mit einem guten Licht. Es darf zum Beispiel kein Licht von der Seite kommen, das ist tödlich. Probieren Sie in Ruhe aus, welche Farbe zu Ihrem Teint und zu Ihrer Haarfarbe passt, und in was Sie sich wohl fühlen. (Das gleiche System benutzen übrigens auch die Farberaterinnen.)

Ich trage sehr viel Beigetöne, aber immer ist in meinem Kleiderschrank eine knallrote Jacke, die ich mit allen möglichen Teilen meiner Basisgarderobe kombinieren kann. Meine Freundin Chris z.B. trägt immer die gleichen Farbtöne, ich nenne sie sehr unfein Chris' »Kackfarben«, und sie sieht toll darin aus, aber knallrot würde sie nie an ihren Körper lassen. Sie hat ihren Farbtyp gefunden und bleibt ihm schon seit Jahren treu.

Pastellfarben stehen fast jeder Frau. Katrin Springer, die erste Frau von Axel Springer, sagte immer: »Hellblau macht jede Frau schön.« Als ich das einmal zu einer Kundin sagte, die nach stundenlangem Probieren und Herumnörgeln ein hellblaues Kleid anhatte, das ihr wirklich stand, verließ sie empört, und natürlich ohne etwas zu kaufen, mein Geschäft. Sie muss mich wohl missverstanden haben!!

Die Typveränderung und das Finden der zu Ihnen passenden Farben gehen Hand in Hand. Also kaufen Sie sich, wie im vorigen Kapitel bereits vorgeschlagen, erst einmal ein Outfit, von dem Sie meinen, dass es Ihren Typ verändert, und das in der Farbe, die Sie sonst nicht tragen. Nehmen Sie sich Zeit und gewöhnen Sie sich an Ihr neues Aussehen. Wenn Sie sich nach ein paar Mal Tragen darin richtig wohl fühlen, sind Sie auf dem richtigen Weg.

DER FRÜHLING

Frühlingsfrauen haben einen zarten goldbeigen oder pfirsichfarbenen Teint. Die Haut kann auch milchweiß oder elfenbeinfarbig schimmern und goldige Sommersprossen haben. Typisch ist blondes, weiches und feines Haar. Es kommen auch Tönungen von Strohblond bis Rotblond oder Brünett vor. Die Augen leuchten in klaren Tönen von Blau, Blaugrau oder Grün. Die Iris ist mit goldenen oder grünlichen Farbeinsprenkelungen durchzogen und zeigt manchmal einen dunklen Rand. Das Wesen ist heiter, strahlend und voller Lebensfreude wie ein Glas Champagner.

DIE FARBEN SIND WARM, HELL UND KLAR

DER SOMMER

Die Haut der Sommerfrau ist rosig und durchscheinend und hat einen bläulichen Unterton. Es kann auch ein heller Porzellanteint sein, der blass wirkt. Geht der Teint ins Oliv, bräunt er schnell, während helle Sommertypen sonnenempfindlich sind. Der Blick wirkt weich. Durch das milchige, cremefarbene Weiß des Augapfels werden die Farben der Iris gedämpft. Die Tönungen reichen von Blau bis Blaugrün. Die Haare wirken dezent und matt. Oft kommen helle bis mittlere Aschtöne vor. Das Wesen ist sanft, zart und feminin, alles Laute und Übertriebene ist diesem Typ fremd.

DIE FARBEN SIND KÜHL, ZART UND PUDRIG

DER HERBST

Der Teint der Herbstfrau hat meistens einen goldbeigen Ton. Allerdings kommt auch oft eine milchweiße bis elfenbeinfarbige Haut vor, die sehr sonnenempfindlich ist. Die Wangen können sehr blass wirken. Die Augen sind ausdrucksvoll und weisen Farbspiele aus Braun, Grün, Grau und Gold auf. Am häufigsten sind Brauntöne in allen Schattierungen. Es kann aber auch ein Türkis vorkommen. Für diesen Typ sind rote Haartöne typisch. Neben dem Rot- und Goldschimmer kommen auch matte Farben vor. Die Herbstfrau wirkt sinnlich, warm und erdverbunden.

DIE FARBEN SIND GOLDEN, WARM, SATT UND ERDIG

DER WINTER

Winterfrauen haben einen Schneewittchenteint, aber ebenso häufig ist ein dunklerer Hautton mit einer Nuance ins Oliv. Auch Beigetöne mit bläulichem Unterton können vorkommen. Das Schneeweiß des Augapfels lässt die Augenfarben wie Dunkelblau, Türkis, Grün, Nussbraun, Graublau, Graugrün und Schwarz bis Schwarzbraun besonders leuchten. Die dunklen Haartöne von Hellaschbraun bis Ebenholzschwarz kommen am häufigsten vor. Das Wesen ist kühl und brillant, die Erscheinung anziehend und gleichzeitig geheimnisvoll und unnahbar.

DIE FARBEN SIND KÜHL UND KONTRASTREICH

Keine Probleme mit Problemzonen

HALS & DÉCOLLETÉ

Haben Sie den Zettel noch, auf dem Sie die Plus- und Minuspunkte Ihrer Figur aufgelistet haben? Stellen Sie sich noch einmal und möglichst nackt vor einen großen Spiegel (ich weiß, es kostet Überwindung). Betrachten Sie sich von allen Seiten, vom Hals bis zu den Füßen. Seien Sie ganz ehrlich zu sich und schreiben Sie alles dazu, was Sie beim letzten Mal übersehen haben. Vergessen Sie aber keinesfalls Ihre positiven Seiten, denn mit diesen können Sie von den unschöneren ablenken!

Ist Ihr Hals zu dick, zu dünn, zu lang oder kündigen sich schon die ersten Falten an? In all diesen Fällen sollte man ihn möglichst bedecken. Tragen Sie Blusen und Jacken mit Krägen, im Winter am besten Rollkragenpullis. Feinfädiges Garn trägt bei einem kurzen, dicken Hals nicht auf. Ein langer und dünner Hals wird mit halsfernen und voluminösen Rollkrägen überspielt. Im Sommer ist ein Nickituch aus Baumwolle, im Winter ein Seidenschal ein gutes Hilfsmittel zum Kaschieren.

Sind Ihre Schultern schmal und abfallend? Versuchen Sie mal, Ihre Kleider, Jacken und Pullis mit Schulterpolstern zu betonen. Es gibt Sie in allen Formen und Stärken in Kurzwarengeschäften. Damit Sie für Ihre Pullover nur ein Paar brauchen, verwenden Sie Polster mit Klettband, die man leicht auswechseln kann.

BUSEN

Finden Sie Ihren Busen zu klein? Die eleganteste Lösung ist ein Wonderbra, denn der holt alles aus Ihnen raus, was möglich ist. Ein größerer Busen verlangt nach gut sitzenden Dessous, denn nur gut geschnittene und perfekt sitzende BHs verleihen eine schöne Form. Aber egal ob groß oder klein – alle etwas tieferen Décolletés unterstreichen Ihre Formen und beeinflussen den Gesamteindruck der Figur.

Jeder Mensch ist unverwechselbar, und gerade kleine Schwachstellen können den einmaligen Charakter einer Persönlichkeit ausmachen. Dazu gehören auch Ihre Problemzonen. Werden sie geschickt kaschiert oder ein Gegenpol betont, kommt niemand auf die Idee, dass Sie damit ein Problem haben könnten. Beherrschen Sie diese Technik, wird Ihre selbstbewusste Ausstrahlung anderen positiv auffallen. Akzeptieren Sie sich so, wie Sie sind, und Sie werden sich immer wohl fühlen. Denken Sie immer daran, dass es kaum Menschen gibt, und dazu gehören auch viele berühmte Models, die vollkommen makellos und perfekt sind!

TAILLE

Nun zu Ihrer Taille. Mit Gürteln und taillierten Jacken betonen Sie eine schmale Taille. Sie sollten Blusen und Pullover in die Hose oder den Rock stecken. Gerade bei einem üppigen Busen sollten Sie besonders Ihre Taille hervorheben. Ist sie aber etwas fülliger, kaschieren Sie sie mit langen und gerade geschnittenen Jacken oder Pullis.
Die größte Problemzone ist für viele Frauen die Hüfte. Breite Hüften kann man nur »zudecken«. Am besten mit langen, losen Jacken und Blusen, die aus einem besonders gut fallenden Material gearbeitet sind, sie sollen locker die Hüfte umspielen. Bundfaltenhosen sind absolut tabu, denn sie lassen sie noch breiter erscheinen. Schmale Hosen ohne Falten oder gerade geschnittene Röcke sind optimale Kombinationen zu langen Oberteilen.
Wenn Sie schöne Beine haben, ist das Problem Hüfte leichter zu lösen.
Die Röcke dürfen kürzer und die Hosenbeine enger sein. Auch ein runder Bauch lässt sich mit einer schmalen Hose und einer losen, längeren Bluse oder einer Weste wunderbar verstecken. Empfinden Sie Ihre Beine als hässlich (dafür können Sie nichts, also hören Sie auf, sich zu grämen), tragen Sie nur Hosen oder lange Röcke. Sie haben die Möglichkeit, das anzuziehen, was Ihnen wirklich steht und womit Sie so vorteilhaft wie möglich aussehen. Mit dieser unbarmherzigen Analyse haben Sie sich Ihre Schwachstellen bewusst gemacht. Glauben Sie mir, es gibt keine Frau, die perfekt ist und vor allem keine, die mit sich vollkommen zufrieden ist. Helena Rubinstein hat einmal gesagt: »Es gibt keine hässlichen Frauen, es gibt nur gleichgültige!« Das sollte jede Frau, die mit sich und ihrem Aussehen unzufrieden ist, beherzigen. Akzeptieren Sie sich so, wie Sie sind, und versuchen Sie, das Beste aus sich zu machen. Sie müssen nur wollen, dann ist Ihnen der Erfolg gewiss.

BEINE

Ernährung und Kosmetik

GESUNDE ERNÄHRUNG
EIN PAAR KILO ZUVIEL

HAUT- UND HAARPFLEGE
GESICHT
HÄNDE
FÜSSE

Ein paar Handgriffe am Morgen, die genauso selbstverständlich wie das Zähneputzen sind, genügen, um mit einem leichten und natürlich wirkenden Make-up in den Tag zu starten. Auch die Haar- und Körperpflege sollte Routine sein und sich gut in den Alltag einbauen lassen. Steht eine längst fällige Diät an, sollten Sie sie sofort angehen. Ist das Wunschgewicht erreicht, wachen Sie am besten täglich darüber, damit das Thema Übergewicht der Vergangenheit angehört.

So halte ich meine Figur!

GEMÜSE & OBST

Wichtige Vitamine und Mineralstoffe stecken in frischem Obst und Gemüse. Auch mit frisch gepressten Säften oder hochwertigen Fertigsäften tun Sie Ihrem Körper Gutes. So nehmen Sie gleichzeitig auch viel Flüssigkeit auf, was das A und O der gesunden Ernährung ist.

Es gibt kaum eine Frau, die nicht ständig jammert, dass Sie zu dick ist und mindestens drei Kilo abnehmen muss. Ich gehöre auch in dieses Heer, denn ich koche und esse für mein Leben gern. Nun bin ich in der glücklichen Lage, dass mir nur meine Waage und meine zu engen Hosen mitteilen, dass ich mal wieder zugenommen habe, da ich lange dünne Beine und einen verhältnismäßig zarten Knochenbau habe. Es sieht also wirklich kein Mensch. Aus jahrelanger Erfahrung weiß ich aber, dass aus zwei Kilo schnell vier werden können und so versuche ich immer möglichst rasch, wieder auf mein Idealgewicht zu kommen. Oft ist es grauenhaft schwer und bedarf einer ungeheuren Energie. Mit der Kohlsuppendiät oder der Gemüsesuppe schaffen Sie in einer Woche fünf bis sieben Kilo. Alkohol, Fett, Zucker und Brot sind dabei absolut verboten.

Mein Mann und ich haben im Laufe der Jahre so ziemlich alles an Diäten gemacht, was es gibt. Die einzige Diät, die nicht nur der Figur, sondern auch der Gesundheit hilft, da sie den Körper entgiftet, ist die Mayr-Diät. Sie sollten sie am besten in einer Mayr-Klinik durchführen, zu Hause nur unter Aufsicht eines Arztes. In der Klinik hörte ich das erste Mal von Trennkost. Das bedeutet, dass man bei den Mahlzeiten Eiweiß und Kohlehydrate trennt. Ich informierte mich ausführlich in einem Buch und lebe jetzt schon jahrelang danach. Haben Sie erst einmal die Grundlagen der Trennkost verstanden, können Sie sie ohne großen Aufwand anwenden. Selbst in Restaurants ist sie einfach und ohne Umstände durchzuführen. Die Größe der Portionen ist nicht ausschlaggebend für die Gewichtsreduktion, entscheidend ist nur die Zusammensetzung der Mahlzeiten, das heißt, die Trennung von Kohlehydraten und Eiweiß.

Ein schönes Kleid wirkt an einer schlanken Frau natürlich besser als an einer übergewichtigen, aber Sie sollten trotzdem nie den Fehler begehen, ein absolut utopisches Gewicht als Ziel anzupeilen. Machen Sie sich Ihr ganz persönliches Wohlfühl-Gewicht klar, das Sie auch ohne große Entbehrungen halten können. Ist es erreicht, legen Sie nach einem Schlemmertag sofort einen Obsttag ein. So gehören drastische Zunahmen der Vergangenheit an.

Kohlsuppendiät

6 Frühlingszwiebeln
1 große Dose geschälte Tomaten
1 Weißkohl
2 grüne Paprika
1 Bund Staudensellerie
1 Bund Petersilie
2 Pakete Zwiebelsuppe

Alle Zutaten klein schneiden und mit gekörnter Brühe und Zwiebelsuppe in einem Topf mit Wasser bedeckt gar kochen. Mit Salz, Pfeffer und getrockneten Chillischoten abschmecken.

Am 1. Tag löffeln Sie soviel Suppe, wie Sie möchten. Am 2. und 3. Tag ist zusätzlich Obst (außer Bananen und Melonen) erlaubt. Am 4. Tag ergänzen Sie die Suppe mit frischem, rohen Gemüse, und am 5. und 6. Tag dürfen Sie drei Bananen und fettarme Milch zu sich nehmen. Am 7. Tag dürfen Sie 500 g Fleisch, gekocht oder gegrillt und 6 frische Tomaten dazu genießen. Denken Sie daran, immer viel Wasser und Tee zu trinken.

Gemüsesuppe

1 Brokkoli
2 Paprikaschoten
2 Zucchini
2 Zwiebeln
2 Knoblauchzehen
200 g Pilze
1 Dose geschälte Tomaten
1/2 getrocknete Chillischote
1/2 EL gekörnte Brühe

Das Gemüse klein schneiden und mit Wasser bedeckt gar kochen. Während des Kochens vorsichtig die Chillischoten hineinbröseln. Mit gekörnter Brühe, Salz und Pfeffer abschmecken und mit einem Stabmixer pürieren.

Körperpflege und Make-up

Neidvoll bewundern wir Naturschönheiten, die mit nichts als einer Spur Lippenstift hervorragend aussehen. Die meisten von uns benötigen etwas mehr, um ihren Typ optimal zur Geltung zu bringen. Mit einem leichten Make-up und der richtigen Körperpflege sind Sie immer gepflegt und attraktiv, ohne dabei angemalt zu wirken.

Das schönste Kleid ist wirkungslos, wenn eine ungepflegte Frau darin steckt. Das ist eine Tatsache, die niemand leugnen kann. Fangen wir mit der Kosmetik an. Auch wenn die Werbung es verspricht, es gibt keine Creme, die bereits vorhandene Falten wegzaubert! Sie können jedoch mit Cremes die Hautalterung verzögern und trockene, rissige Haut wieder geschmeidig machen. Cremen Sie nach dem Baden oder Duschen den Körper ein. Ein persönlicher Tipp: Wenn Sie besonders trockene Haut haben, ölen Sie sich einmal in der Woche mit Traubenkernöl ein und wickeln Sie sich in ein Handtuch, bis alles eingezogen ist. Eine traumhaft weiche Babyhaut ist das Ergebnis! Für eine makellose Gesichtshaut ist es unerlässlich, sich abends abzuschminken. Lösen Sie den Schmutz mit einer milden Seife oder einer Reinigungsmilch und Wasser, den Rest entfernen Sie mit einem Gesichtswasser. Wimperntusche ent-

fernen Sie entweder mit Augenvaseline aus der Apotheke oder einer speziellen Abschminke. Abends tragen Sie Nacht- und Augencreme auf, nach der Morgenwäsche ist eine Tagescreme, die Ihrem Hauttyp entspricht, eine gute Grundlage. Eine Make-up-Grundierung oder Puder, Wimperntusche, Rouge und Lipgloss schaffen ein attraktives Gesamtbild. Ist Ihnen Wimperntusche zu lästig, lassen Sie sich die Wimpern beim Friseur einfärben. Seit einigen Jahren gibt es auch die Möglichkeit des sogenannten »Permanent-Make-up«. Ein absoluter Könner auf diesem Gebiet ist der bekannte Visagist Horst Kirchberger in München. Frauen aus ganz Deutschland kommen zu ihm. Sicher gibt es in Ihrer Stadt ebenfalls ein professionelles Institut, das diese Make-up-Technik anbietet. Dabei werden Augenbrauen, Lidstrich oder Lippenkonturen tätowiert, nach ungefähr zwei Jahren muss es nachgearbeitet werden. Ich habe noch keine Frau kennen gelernt, die davon nicht begeistert war. In guten Schönheitssalons oder Parfümerien, manchmal auch beim Friseur, gibt es Visagisten, die Make-up-Beratungen anbieten. Sie stellen zuerst einmal den Hauttyp fest, geben Ihnen Informationen zu den Pflegeprodukten und schminken Sie natürlich auch. Sie werden staunen, was solche Leute aus einem herausholen können. Sind Sie mit Ihrem Tages-Make-up zufrieden, dann lassen Sie sich auch ein aufwändigeres für den Abend zeigen.

Haare

Die richtige Frisur zu finden, ist nicht immer einfach. Am besten ist es, wenn Sie die Empfehlung von einer Freundin haben, deren Haarschnitt sie optimal kleidet. Sind Sie in einer fremden Stadt, bilden Sie sich an Hand der frisierten Kundinnen ein Urteil über die fachliche Qualifikation des Friseurs. Ein guter Friseur beurteilt Ihre Haare, berät Sie über die Pflege und macht Ihnen Vorschläge zu Haarschnitt und -farbe.

Gepflegte Haare sind genauso wichtig wie ein gepflegtes Gesicht, keines von beidem wirkt für sich allein. Strähnige, fettige Haare kann man im Sommer mit Gel stylen und im Winter unter einem Hut verstecken, ansonsten hilft nur waschen. Mehr als zweimal Haarewaschen pro Woche strapaziert zu sehr, shampoonieren Sie die Haare nur einmal, und verwöhnen Sie sie öfter mit einer Pflegespülung. Alle vier bis sechs Wochen mache ich vor dem Waschen eine Packung mit Olivenöl und lasse es eine Stunde mit einem Handtuch umwickelt einziehen, danach zweimal mit Shampoo auswaschen. Ein paar graue Haare können Sie mit einer Farbtönung überdecken, nach fünf bis sechs Wäschen sehen Sie wieder aus wie vorher. Wenn der Haaransatz anfängt, grau zu werden, müssen Sie sich zwischen Färben, das Sie auch selbst machen können, oder herauswachsen lassen entscheiden. Dafür brauchen Sie Geduld, denn Haare wachsen nur etwa 15 cm im Jahr.

Hände und Füße

Hände brauchen mindestens genauso viel Pflege wie das Gesicht, denn sie verraten das Alter einer Frau auf einen Blick. Die Haut der Hände hat viel weniger Talgdrüsen als Ihre Gesichtshaut, daher sollten sie mehrmals täglich eingecremt werden. Auch Füße können mit wenig Aufwand eine Zierde sein, man muss sich die Pflege nur zur Gewohnheit machen.

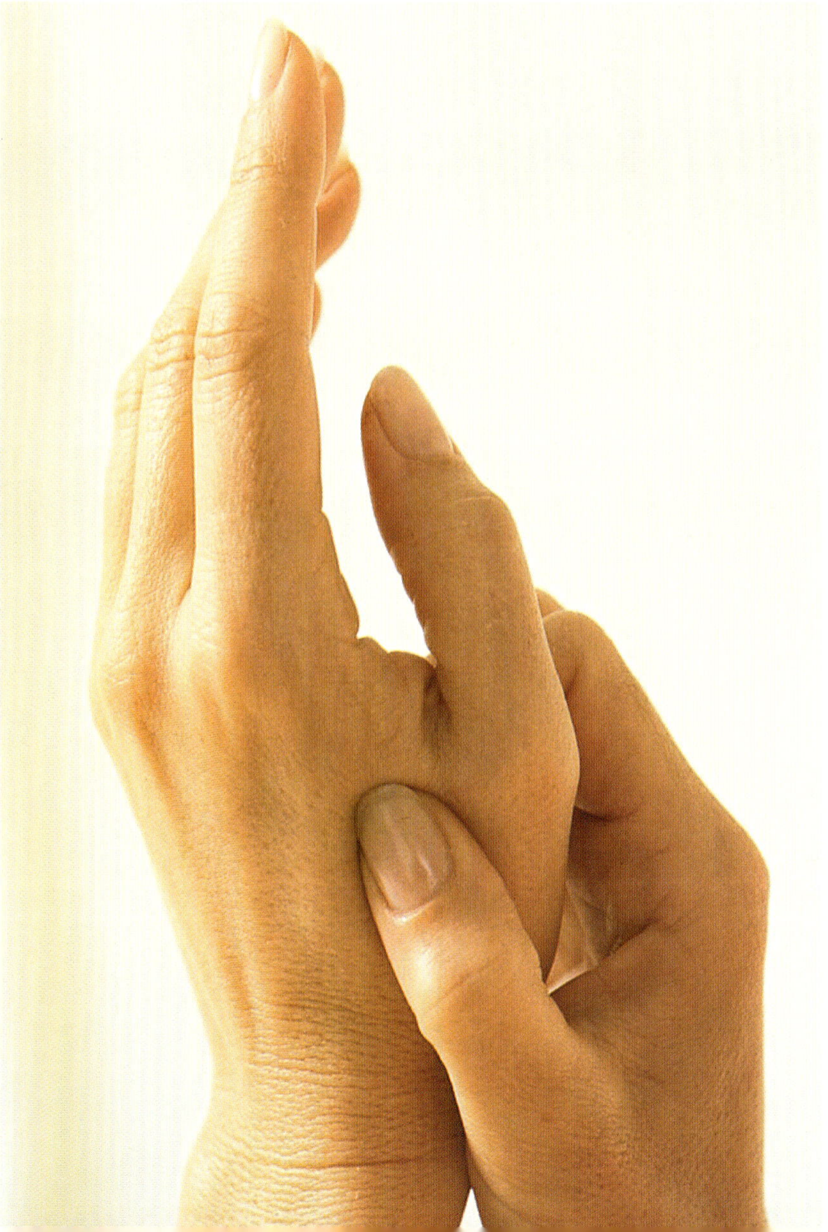

Ungepflegte Hände mit womöglich abgekauten oder schmutzigen Fingernägeln sind einfach ein Graus. Auch abgeblätterter Nagellack sieht schrecklich aus, lassen Sie ihn lieber ganz weg. Einmal pro Woche feilen Sie die Nägel und entfernen vorsichtig die Nagelhaut mit einem Stäbchen oder einem speziellen Nagelhautentferner. Gewöhnen Sie sich an, nach jedem Händewaschen die Hände einzucremen. Ein Tipp: Immer wenn Sie Gesichtscreme auftragen, verreiben Sie den Rest der Creme auf den Handrücken. Bei einem Sonnenbad brauchen Hände den gleichen Lichtschutzfaktor wie das Gesicht. Ihre Füße sollten Sie wie den ganzen Körper nach jedem Duschen oder Baden eincremen. Mindestens alle zehn Tage entfernen Sie die Hornhaut und erneuern den alten Lack. Das kann man gut selbst machen, bei Problemen wie Hühneraugen sollten Sie jedoch professionelle Hilfe in Anspruch nehmen.

Über Mode, Eleganz und Stil

Es gibt Frauen, die immer chic gekleidet sind und eine phantastische Ausstrahlung haben. Das Rezept dafür ist einfach, aber überzeugend. Akzeptieren Sie sich mit all Ihren kleinen Fehlern. Haben Sie einmal Ihren Typ und damit auch Ihren ganz persönlichen Stil gefunden, dann bleiben Sie dabei und perfektionieren Sie ihn. Eleganz entwickelt sich fast automatisch, wenn Sie mit Gespür und Gefühl die aktuelle Mode dem persönlichen Stil und der Situation unterordnen.

Ganz persönlich

Mode ist Kleidertrend, Zeitgeist und macht unheimlich viel Spaß! In diesem kurzen und knappen Satz stecken überraschend viele Wahrheiten, selbst die geschichtliche Entwicklung ist darin verborgen.

Tatsache ist, dass man sich der Mode niemals verschließen kann. Auch wenn Sie Ihre Bekleidung in Billigmärkten kaufen, aus welchen Gründen auch immer, Sie kaufen unweigerlich Mode. Die entspricht zwar nicht mehr dem letzten Schrei, denn die Hersteller warten ab, welche Trends sich gut verkaufen lassen. Die werden dann billig kopiert und angeboten. Keiner kann sagen, dass er noch das Gleiche wie vor zwanzig oder dreißig Jahren trägt.

Mode als überflüssig zu bezeichnen, ist genauso absurd, wie sie total zu überschätzen. Fashion-Victims (übersetzt: Mode-Opfer) kaufen alles, was Mode ist, ohne Rücksicht darauf, ob es ihnen steht oder passt. Hauptsache, es ist von einem Designer, der gerade »in« ist. Sie riskieren, sich lächerlich zu machen und zum Gespött der Leute zu werden.

Vergessen Sie auch nicht den wirtschaftlichen Aspekt der Mode, denken Sie nur einmal daran, wie viele Arbeitsplätze damit geschaffen werden. Sie sollten auch nicht vergessen, wen Sie beim Kauf einer im Ausland produzierten Ware unterstützen. Geht es unserer Wirtschaft und auch Ihnen gut, können Sie sich selbst auch hochwertige Bekleidung leisten!

Mode gibt es seit Jahrtausenden immer in Zeiten von Hochkulturen. Sie ist jeweils Ausdruck von aktuellem Zeitgeist. Heutzutage lässt sich das gut verdeutlichen. Seit einigen Jahren ist die Art, zu leben, freier geworden, Meinungen, die nicht der Norm entsprechen, werden eher akzeptiert und sogar gefördert. Im Gegenteil, in Wirtschaft und Forschung sind Querdenker geradezu unentbehrlich, denn sie beschreiten Wege, die früher undenkbar waren und kommen so zu bedeutungsvollen Ergebnissen für die Menschheit. Auch die Mode spiegelt die aufgeschlossenere Lebensart, denn Vorschriften wie bei den Rocklängen in den 60er Jahren gehören längst der Vergangenheit an, jeder kann sich so kleiden, wie er sich wohl fühlt. Es ist eine Tatsache, dass Frauen, die sich für Mode interessieren und sie geschickt einsetzen, mehr Erfolg im Beruf und im Privatleben haben als die so genannten »grauen Mäuse«. Eine gut angezogene Frau strahlt Selbstbewusstsein aus und kann mit ihrer Kleidung Signale setzen. Mode gehört einfach zu unserem Leben!

Eleganz ist Mode in höchster Perfektion. Beau Brummel, ein englischer Bonvivant des 19. Jahrhunderts, antwortete einer Dame, die sich begeistert über seine elegante Aufmachung am Vorabend äußerte: »Ich kann nicht elegant gewesen sein, wenn es Ihnen aufgefallen ist.« Das sagt eigentlich alles!

Eine elegante Frau hat zu jeder Gelegenheit das richtige an, ist nie over- oder underdressed und trägt nie zuviel Schmuck und Make-up. Dabei bedeutet elegant nicht unbedingt modisch. Wer es versteht, klassische und auch ältere Kleidungsstücke mit einem hochmodischen neuen Teil zu kombinieren, beweist Geschick und modisches Feeling. Eleganz zeigt sich auch darin, Ihren persönlichen Stil zu unterstreichen, erst dann wird Ihr äußeres Gesamtbild zu einer attraktiven Erscheinung.

Vom Stil behaupten die einen, dass man damit geboren sein muss, die anderen, dass man ihn lernen kann. Egal, welche Behauptung richtig ist, fest steht, dass man ihn nicht kaufen kann. Stil hat überhaupt nichts mit Geld zu tun, denn man kann auch arm sein und Stil haben. Stil ist wichtiger als ein Modetrend. »Stil bleibt bestehen« sagte Yves Saint Laurent. Eine Frau mit Stil hat ihren Typ gefunden und wird ihm ein Leben lang treu bleiben. Sie erkennen das daran, dass Sie sich rundum wohl fühlen und zufrieden mit sich selbst sind.

Maja Galuber-Lackner

Register

Herstellerverzeichnis

TITEL
Taschen Bally, **Bluse weiß** Karstadt, **Schuhe und blaue Tasche** Thomas, **Pullover** H&M, Karstadt, K&L Ruppert, Radspieler, **Pikee-Tücher** Radspieler, **Schals** Radspieler, Karstadt

SEITE 4/5 **Kleid** K&L Ruppert, **Schuh** Paul Green/Thomas, **Tasche** Bally

SEITE 10/11 **Kleid** Strenesse/Karstadt

SEITE 12/13 **Blazer** Comma/Karstadt, **Jacke** Windsor/Loden-Frey, **dunkle Hose** Strenesse/Karstadt, **helle Hose** Antonio Fusco/Loden-Frey, **Jeans** H&M, **Kleid** Strenesse/Karstadt, **Rock** H&M

SEITE 14/15 **Blazer** Comma/Karstadt

SEITE 16/17 Outfit I: **Blazer** Comma/Karstadt, **Jeans** H&M, **Gürtel und Schuhe** Bally, **Tasche** Picard/Karstadt, Outfit II: **Blazer** Victoire/Loden-Frey, **Rock** Etro/Loden-Frey, **Top** Clara Corrmann/Loden-Frey, **Tuch** K&L Ruppert, **Schuhe** Bally, **Tasche** Radspieler, Outfit III: **Blazer** H&M, **Hose** Comma/Karstadt, **Bluse** Strenesse/Karstadt, **Pashmina** Karstadt, **Tasche** H&M, **Schuhe** Bally, **Kette** Dior/Karstadt

SEITE 18/19 Outfit I: **Jacke** Windsor/Loden-Frey, **Jeans** H&M, **Rolli** H&M, **Tasche** Bally, **Stiefel** Paul Green/Thomas, Outfit II: **Jacke** H&M, **Hose** Antonio Fusco/Loden-Frey, **Bluse** H&M, **Schuhe** Paul Green/Thomas, Outfit III: **Blusen** Joseph Janard/Karstadt, **Hose** Comma/Karstadt, **Top** H&M, **Tasche und Schuhe** Bally

SEITE 20/21 Outfit I: **Jacke** Erreuno/Loden-Frey, **Kleid** Mani/Loden-Frey, **Schuhe** Audley/Thomas, **Tasche** Bally, **Schmuck** Dior/Karstadt, Outfit II: **Strickjacke** H&M, **Rock** Laurel/Karstadt, **Stiefel** Paul Green/ Thomas, **Tasche** Bally, Outfit III: **Rock** Comma/Karstadt, **Rollkragenpulli** Fisherman/Radspieler, **Gürtel, Schuhe** Bally, **Armband** Fourth Dimension

SEITE 22/23 Bild I: **Satinpumps** Audley/Thomas, **Tasche** Bally, **Ohrringe** Fourth Dimension, Outfit I: **Kleid** Comma/Karstadt, **Kette** Dior/Karstadt, **Armband** Fourth Dimension, Outfit II: **Kleid** K&L Ruppert, **Tasche und Schuhe** Bally, **Kette** Fourth Dimension

SEITE 24/25 **Rote Bluse** H&M, **blaue Bluse** Bernd Berger/Karstadt, **gelbe Bluse** Joseph Janard/Karstadt, **weiße Bluse** Comma/Karstadt

SEITE 26/27 **Rundhalspulli** Strenesse/Karstadt, **V-Pulli** H&M, **Pullis großes Foto** Pulli in Sand, Natur und Grau: K&L Ruppert, Pulli mit irischem Muster: Fisherman/Radspieler, beiger Pulli: Strenesse/Karstadt

SEITE 28/29 **Rotes Top** K&L Ruppert, **blaues Top** Bernd Berger/Karstadt, **schwarzes Top** Strenesse/Karstadt, **T-Shirts großes Foto** rosa und beiges T-Shirt: Strenesse/Karstadt, weißes T-Shirt: K&L Ruppert

SEITE 30/31 **Blazer** Windsor/Loden-Frey

SEITE 32/33 Outfit I: **Twinset und Hose** K&L Ruppert, **Tasche** Radspieler, **Schuhe** Bally, Outfit II: **Top, Blouson, Pullover, Tuch und Schuhe** K&L Ruppert, **Hose** H&M, **Tasche** Karstadt

SEITE 34/35 Outfit I: **Halternecktop** Strenesse/Karstadt, **Hose** K&L Ruppert, **Sandalen** Bally, Outfit II: **Ringelshirt und Hose** K&L Ruppert, **Schuhe** Bally, **Tasche** Radspieler, Outfit III: **Kleid und Sonnenbrille** K&L Ruppert, **Tasche** Karstadt, **Schuhe** Bally

SEITE 36/37 Outfit I: **Bluse, Pullunder und Hose** H&M, **Tuch** Loden-Frey, **Tasche** Bally, **Schuhe** Ralph Harrison/Thomas, Outfit II: **Cordjacke, Rock und Tasche** H&M, **Schuhe** Bally

SEITE 38/39 Outfit I: **Lederjacke** Enrico Mandelli/Loden-Frey, **Bluse** Joseph Janard/Karstadt, **Hose** Comma/Karstadt, **Pulli** Strenesse/Karstadt, **Schal** Radspieler, **Tasche** Credi/Thomas, **Stiefel** Paul Green/Thomas, Outfit II: **Bluse** Marco Visconti/Karstadt, **Rock** H&M, **Tuch** K&L Ruppert, **Pulli** Fisherman/Radspieler, **Schuhe** Paul Green/Thomas

SEITE 40/41 **Trenchcoat** Burberry/Loden-Frey, **Mantel** H&M, **Swinger,** Yell/Loden-Frey

SEITE 42/43 **Umschlagtuch** Loro Piana/Loden-Frey

SEITE 46/47 **Schuh** Bally

SEITE 48/49 **Halbschuh** Bally, **Lackschuh** Sirenella/Thomas, **Pumps** Maripé/Thomas, **Gürtel** Bally

SEITE 50/51 **Rotes Täschchen** H&M, **Hut** Loden-Frey

SEITE 52/53 **Silberarmband** Fourth Dimension, **Goldkette und Goldarmband** Dior/Karstadt

SEITE 54/55 **Tuch links und Mitte:** Loden-Frey, **Tuch rechts** Radspieler

SEITE 56/57 **BH und Slip** H&M, **Hemdchen** Cheek/Karstadt, **Strumpf** Wolford/Karstadt, **Body** Lejaby/Karstadt

& Bildnachweis

SEITE 62/63 Outfit I: **Kostüm** Hilton/Loden-Frey, **Bluse** Laurel/Karstadt, **Tasche** Credi/Karstadt, **Schuhe** Maripé/Thomas, Outfit II: **Hosenanzug** Hilton/Loden-Frey, **Bluse** K&L Ruppert, **V-Pulli** H&M, **Schuhe und Gürtel** Bally

SEITE 64/65 Outfit I: **Bluse, Hose und Blazer** K&L Ruppert, **Schuhe** Audley/Thomas, **Armband** Fourth Dimension, Outfit II: **Bluse und Rock** Etro/ Loden-Frey, **Schal** Radspieler, **Schuhe** Bally, **Kette** Fourth Dimension

SEITE 66 Outfit I: **Kleid mit langer Bluse** K&L Ruppert, **Schuhe,** Audley/Thomas

SEITE 68/69 Outfit I: **Kleid** Noa Noa/Radspieler, **Bluse** Etro/Loden-Frey, **Schuhe** Thomas

SEITE 70/71 Outfit I: **Kleid und Jäckchen** Lyn Ashworth/Loden-Frey, **Schuhe** Audley/Thomas, **Kette, Ohrringe** Fourth Dimension, Outfit II: **Kleid und Schal** Barbara Schwarzer/Loden-Frey, **Hut** Loden-Frey, **Tasche und Schuhe** Bally, **Schmuck** Dior/Karstadt

SEITE 72/73 Outfit I: **Jacke, Hose** Erreuno/Loden-Frey, **Tasche, Schuhe** Bally, Outfit II: **Kleid** Cerrutti/Loden-Frey, **Schuhe** Audley/Thomas, **Armreif** Fourth Dimension, **Tasche** Bally

SEITE 76/77 Bild I: **Blazer** H&M, **Hose** Laurel/Karstadt, **Bluse** Comma/Karstadt, **Silberarmband** Fourth Dimension, **Gürtel, Schuhe** Bally, **Twinset, Tuch** K&L Ruppert, Bild II: **Kosmetik-Koffer** Delsey/Karstadt, **Sonnenbrille, Badeanzug, Turnschuhe** K&L Ruppert, **Sandalen** Viventy/Thomas, **Pulli** H&M

SEITE 78/79 Bild I: **Shirt, Hose, Badeanzug** K&L Ruppert, **Schuhe** Audley/Thomas, **Kette, Ohrringe** Fourth Dimension, **Silberschuhe, Tasche** Bally, Bild II: **Kleid** Comma/Karstadt, **Hosenanzug** Etro/Loden-Frey, **Schuhe schwarz und Gürtel** Bally, **Tasche** Radspieler, **Armreif** Fourth Dimension

SEITE 88/89 **Handtücher und Schale** Radspieler

Alle nicht aufgeführten Kleidungsstücke stammen aus Privatbesitz.

Unser besonderer Dank gilt folgenden Modehäusern, die uns freundlich unterstützten: Bally Deutschland GmbH; FOURTH DIMENSION, München; H&M Hennes & Mauritz GmbH; Karstadt Warenhaus AG; K&L Ruppert GmbH & Co. KG; LODEN-FREY, Verkaufshaus GmbH & Co. Thomas Due, München;

Bildnachweise:
SEITE 2/3, 102/103 AKG, Berlin und bildarchiv preussischer kulturbesitz, Berlin

SEITE 32 bis 39 Blumen- und Pflanzenbilder: imagebank, München

SEITE 91 bis 95 Südwest Verlag

Impressum

© 2000 Südwest Verlag, München, in der Econ Ullstein List Verlag GmbH & Co. KG, München
Alle Rechte vorbehalten.
Nachdruck – auch auszugsweise – nur mit Genehmigung des Verlags.

Redaktion
Heidi Grund-Thorpe
Redaktionsleitung
Nina Andres
Lektorat
Dr. Henriette Graf
Umschlag und Layout
Eva Maria Salzgeber
DTP/Satz
Witte-Salzgeber
Fotograf
Michael Heinkel
Bildredaktion
Solveig Witte, Gabriele Feld
Illustrationen
Franz Pichler, Eva Maria Salzgeber
Produktion
Manfred Metzger (Leitung), Annette Aatz

Printed in Italy

Gedruckt auf chlor- und säurearmem Papier

ISBN 3-517-06259-6

1954

1961
666

Persil
1958

1905

1910